CRENÇAS E SITUAÇÕES QUE ATRASAM O PAÍS

CIP-BRASIL. CATALOGAÇÃO NA PUBLICAÇÃO
SINDICATO NACIONAL DOS EDITORES DE LIVROS, RJ

S234c   Santos, Darcy Francisco Carvalho dos
            Crenças e situações que atrasam o país / Darcy Francisco Carvalho dos Santos. – 1. ed. – Porto Alegre [RS] : AGE, 2024.
            198 p. ; 16x23 cm.

            ISBN 978-65-5863-282-5
            ISBN E-BOOK 978-65-5863-281-8

            1. Finanças públicas – Brasil. 2. Brasil – Política econômica. 3. Desenvolvimento econômico. I. Título.

       24-91550   CDD: 336.81
                                 CDU: 336.13(81)

Gabriela Faray Ferreira Lopes – Bibliotecária – CRB-7/6643

Darcy Francisco Carvalho dos Santos

CRENÇAS E SITUAÇÕES QUE ATRASAM O PAÍS

PORTO ALEGRE, 2024

© Darcy Francisco Carvalho dos Santos, 2024

www.darcyfrancisco.com.br

Capa:
Nathalia Real,
utilizando imagem de shutterstock/xtock

Diagramação:
Nathalia Real

Supervisão editorial:
Paulo Flávio Ledur

Editoração eletrônica:
Ledur Serviços Editoriais Ltda.

Reservados todos os direitos de publicação à
LEDUR SERVIÇOS EDITORIAIS LTDA.
editoraage@editoraage.com.br
Rua Valparaíso, 285 – Bairro Jardim Botânico
90690-300 – Porto Alegre, RS, Brasil
Fone: (51) 3223-9385 | Whats: (51) 99151-0311
vendas@editoraage.com.br
www.editoraage.com.br

Impresso no Brasil / Printed in Brazil

"A verdade é a mais temida das forças revolucionárias; os pequenos motins forjam-se com armas de soldados, as grandes revoluções se fazem com doutrinas de pensadores. Todos os que pretenderam prolongar indefinidamente uma injustiça, em qualquer tempo e lugar, temeram menos os conspiradores políticos do que os arautos da verdade, porque esta, pensada, falada, escrita, contagiada, produz nos povos mudanças mais profundas do que a violência. Ela sempre perseguida, sempre invencível, é o mais eficaz instrumento de redenção moral de que se tem conhecimento na história da humanidade."

José Ingenieros, em as *Forças Morais*

Homenagem póstuma

Homenagem póstuma ao grande economista Afonso Celso Pastore, que fez a transição no mês de fevereiro deste ano, aos 84 anos.

Agradecimento

Um agradecimento especial aos colegas economistas e amigos Júlio Francisco Gregory Brunet e Luiz Tadeu Viapiana, que tanto me ajudaram na realização desta obra, contribuindo com sugestões e com a leitura de textos.

Agradecimento a minha família, em especial à minha esposa, Jeane, que suportaram minhas ausências do convívio.

Agradecimento também aos economistas Fabio Giambiagi, Patrícia Palermo e Bruno Lanzer, que não mediram esforços na elaboração de uma frase ou, melhor dito, um pequeno texto sobre o livro, que tanto me orgulhou.

Agradecimento também ao economista Antônio da Luz, que me deu a honra de fazer o prefácio deste livro.

Prefácio

Antes de falar deste estupendo e surpreendente livro que ora você tem em mãos, quero falar do Darcy Francisco Carvalho dos Santos. Lembro bem de quando o conheci; foi no movimento Agenda 2020, quando eu dava meus primeiros passos trôpegos como profissional e ele já era um gigante entre os economistas brasileiros no tema de Finanças Públicas. Esse tema é, sem dúvidas, um dos mais complexos para nós economistas, pois exige não apenas uma bagagem macroeconômica que nos é natural, mas também uma capacidade – que não temos e logo nos gera insegurança – de conhecer um emaranhado de leis, normas, decretos e um infinito labirinto burocrático que formou, de acordo com o *Doing Business*, o sexto pior sistema tributário do mundo dentre os 193 ranqueados. Na minha biblioteca eu tenho cinco autores que tratam do assunto; o Darcy é o melhor. Acreditem: não há economista que precise trabalhar esse tema, pelo menos no Rio Grande do Sul, que de vez em quando não ligue para o Darcy para tirar uma dúvida, ouvir uma opinião ou testar uma ideia, a começar por este. Ele invariavelmente nos surpreende.

Esta obra é a cara do Darcy. Ela coloca o leitor do começo ao fim em uma posição de euforia com as informações. Aliás, essa é a sensação que tenho desde a primeira vez que nos encontramos. Você vai sentir o que sentimos; parece que estamos assistindo a um filme de suspense no qual as reviravoltas colocam o espectador em um turbilhão de revelações e descobertas e, quando você acha que suas convicções estão escritas em bronze, ele apresenta os números e as devidas fontes que fazem ver o quanto ainda temos que aprender sobre esse tema tão importante para a compreensão da economia do País e Estado.

Não quero tirar o prazer da sua leitura, mas se prepare: você vai abrir a cabeça para uma série de mitos que os mundos político e sindical tentam fazê-lo crer. É estarrecedor o que está acontecendo com a carga tributária e como ela se distribui, com uma participação dos Municípios diferente do que se diz por aí. É atormentador saber que saímos de quatro em quatro anos para escolher um governante, com ilusões de capacidade de mudanças, mas com um orçamento tão engessado que sobra muito pouco para de fato administrar. A forma como o bolo tributário se reparte via fundos de participação de Estados e Municípios seguramente fará você ter vontade de ligar para o seu deputado e perguntar o que ele estava fazendo em 2013, enquanto o estudo da previdência vai fazer os mais velhos agradecer por estarem mais velhos e os jovens com a certeza de que o tema é de extremo interesse para o seu futuro, isso, é claro, se não estivermos falando das filhas de militares, que muitas têm um azar muito grande ao não conseguirem constituir um casamento. No orçamento, que é o discurso mais verdadeiro que os políticos conseguem fazer, pois aí não estão as intenções, mas as decisões de gastos que o ajudarão a entender para onde de fato vai nosso dinheiro e como as meias-verdades são capazes de criar confusões intencionais. Aliás, falando em meias-verdades, eu duvido que você não se choque com as decisões judiciais irresponsáveis, completamente descoladas da realidade do país que drenam recursos escassos para fins duvidosos do ponto de vista dos reais interesses da sociedade brasileira. Ao fim, quando você chegar nos assuntos do Rio Grande do Sul, aí o Darcy "joga em casa"... Ninguém que eu conheça entende melhor as finanças públicas gaúchas do que ele, opinião que provavelmente você irá compartilhar comigo quando ele bagunçar sua cabeça – cheia de verdades que foram sendo colocadas pelo lado político que mais o atrai – e você entender que as discussões sobre alíquotas são incompletas e as vinculações lá de Brasília pegam em cheio as nossas já combalidas contas públicas, que por décadas foram piorando por decisões tomadas nos prédios que emolduram a Praça da Matriz, em Porto Alegre, ou aqueles do perímetro da Praça dos Três Poderes, em Brasília.

De qualquer forma, esta deliciosa obra que o Darcy nos alcança deveria ser lida por todos aqueles homens e mulheres que genuinamente desejam a prosperidade dos povos e um Estado que sirva e não que se sirva, o que não é difícil, pois ele conseguiu reunir informações excepcionalmente importantes em uma escrita fácil e agradável, de modo que quando você abre a primeira página não consegue parar de ler.

Por fim, sugiro: não leia antes de dormir, pois você vai entrar em um estado de euforia e reflexão que irá tirar seu sono.

Antônio da Luz
Economista formado pela UFRGS,
Mestre em Economia pela UFRGS,
Doutor em Economia do Desenvolvimento pela PUC/RS.

Uma mensagem aos jovens economistas

Não posso deixar de citar novamente José Ingenieros, porque é dele uma frase, entre tantas outras que sua mente brilhante criou. "Cada vez que uma geração envelhece e substitui o conjunto de suas ideias por abastardados apetites, a vida pública abisma-se na imoralidade e na violência. Nessa hora devem os jovens empunhar o facho e pronunciar o verbo; é sua missão renovar o mundo moral e neles assenta a esperança dos povos que ardentemente desejam ver ampliadas as bases da justiça".

Parece que esse pensamento foi escrito nos dias atuais, em que nosso representantes, em vez de cumprirem sua nobre missão de transformar nosso País, que segue, desde tempos, para um caminho de difícil retorno; ficam mais preocupados em satisfazer seus interesses pessoais, mediante emendas paroquiais, que nada têm a ver com os interesses nacionais, distribuindo recursos para finalidades questionáveis, para dizer o mínimo, e fora do alcance dos órgãos de controle, quando deviam ser os primeiros a se preocupar com isso, porque para isso eles foram eleitos. Mas não são só eles: membros de Poderes e altos cargos da função pública também estão usando e abusando do poder que têm e dos recursos de que dispõem sem serem seus.

José Ortega y Gasset disse que "três princípios tornaram possível este novo mundo: a democracia liberal, as experiências científicas e o industrialismo. Os dois últimos podem ser reduzidos a um só: a técnica".

Nada disso, no entanto, seria possível num setor público dominado pela ganância e pela incompetência de seus gestores. A irresponsabilidade fiscal é tão ou mais prejudicial do que a corrupção, porque, agindo no silêncio, desperdiça recursos imensos que poderiam ser aplicados em funções sociais. Os que se dizem defensores do social e não observam isso, são mesmo enganadores profissionais. Daí a importância que têm as finanças públicas nesse sentido, orientando seus operadores para que estejam aptos a servir e não a servir-se do que é público.

As ideias expostas ao longo deste livro, se contribuírem um pouco para isso, também me tornarão satisfeito por tê-lo escrito. Obrigado.

Síntese dos capítulos

- Sem querer ser dono da verdade, até porque a verdade não tem dono, sob pena da perda dessa condição, as situações que descrevo a seguir compõem a ideia central deste livro, que procura desmistificar certas crenças e mostrar situações que atrasam o Brasil.
- O primeiro assunto é a crença de que os recursos estão concentrados na União, uma inverdade que, por tanto repetida, tornou-se *verdade*.
- Em seguida, há uma análise dos fundos de participação dos Estados e dos Municípios, uma crítica às suas disfuncionalidades e ao enorme prejuízo causado ao nosso Estado no primeiro caso e aos Municípios mais pobres no segundo.
- No capítulo seguinte, o terceiro, está o enorme déficit da previdência, negado por muito tempo e até hoje por pessoas influentes da sociedade.
- Aborda também os déficits do Regime Geral (INSS) e dos servidores públicos, suas dimensões, com esclarecimento a respeito de cada um, sem qualquer ideia preconcebida: a) os altos déficits dos militares e do *insignificante* Microempreendedor Individual (MEI), que nos atormentará no futuro; b) uma análise da queixa quanto aos valores das aposentadorias; c) uma explicação das razões por que isso ocorre; d) analisa também a situação das pessoas que se preocupam por não terem para quem deixar seus proventos quando findar a vida; e) comenta a previdência estadual e o longo período de transição; e, por fim e não menos importante, o futuro das aposentadorias dos fundos municipais.
- Dando sequência ao assunto, aborda a Seguridade Social, que reúne previdência, assistência social e saúde, estando esta última estrangulada pelo crescimento das outras duas. Analisa: a) o alto déficit

e seu enorme crescimento ao longo do tempo; b) mostra também o comprometimento da receita líquida do Governo Central com as despesas da seguridade social; e c) mostra ainda qual o comprometimento da despesa em cada área.

- No **Capítulo 5** trata do orçamento federal, onde há enorme confusão por tomarem todo o valor do orçamento como denominador para calcular o comprometimento das despesas, cuja metade é de papel, porque trata de rolagem da dívida (troca de títulos vencidos por vincendos); isso é analisado em detalhes; examina o gráfico frequentemente divulgado pela Internet, muito usado pelas associações de funcionários públicos e sindicatos, que foi denominado de "gráfico das meias-verdades"; analisa também as previsões da receita e fixação da despesa, confrontando com o "Arcabouço Fiscal"; e trata, ainda, das emendas parlamentares e do fundo eleitoral.

- No **Capítulo 6** analisa as despesas globais por funções: a) esclarece quais as maiores, mas dá realce às de pouca participação no total, mas de alto valor absoluto; b) analisa as funções por entes federados; c) investiga os abusos da justiça e também os investimentos, os encargos gerais e os juros nominais.

- No **Capítulo 7** trata dos efeitos da redução de alíquotas na arrecadação; a) expõe a arrecadação tributária nos Estados; b) trata da Lei Kandir, seus reflexos nos anos iniciais e posteriores; c) analisa também a curva de Laffer e as experiências de alguns economistas a respeito dela.

- O **Capítulo 8**, o último, trata de vários assuntos, como os que vendem ilusões, invadem competências ou complicam o equilíbrio orçamentário, tais como: a) vinculações da receita; b) os 10% do PIB em educação; c) pensões por morte integrais, assunto antigo, mas que ainda tem consequências; d) despesa com inativos e pensionistas fora do MDE; e) piso nacional do magistério; e f) rigidez da despesa.

Sumário

INTRODUÇÃO 23

1. CARGA TRIBUTÁRIA NACIONAL 27
   1.1. Carga tributária nacional e sua distribuição 27
   1.2. Por que cresceu tanto a carga tributária de 1988-2010? 30
   1.3. O mito da concentração tributária na União 32
   1.4. A arrecadação centralizada: uma necessidade 36
   1.5. Seguridade Social: 80% da Receita do Governo Central ... 37

2. FUNDOS DE PARTICIPAÇÃO E SUAS DISFUNCIONALIDADES 41
   2.1. Fundo de Participação dos Municípios – FPM 41
      2.1.1. Atribuições dos Municípios 43
      2.1.2. Operacionalização do FPM 44
      2.1.3. Municípios do interior e a desproporção
           da distribuição 45
      2.1.4. Coeficiente da reserva do FPM: disfuncional 48
      2.1.5. Coeficiente de FPM das capitais: também
           disfuncional 51
   2.2. FPE: repartição inadequada e injusta 53
      2.2.1. FPE e sua injusta distribuição 54
      2.2.2. Novas regras de distribuição: pior a emenda
           do que o soneto 55
      2.2.3. Estado do RS, o que mais perdeu com
           a nova regra do FPE 58
      2.2.4. Injustiças escancaradas 60
      2.2.5. Distorções nos índices de FPE da LC 143/2013 61
      2.2.6. Uma proposição preliminar 63

3. PREVIDÊNCIA SOCIAL: A CRISE QUE SE ACENTUA 65
3.1. Por que dizem que não há déficit da previdência 69
3.2. Déficit do Regime Geral da Previdência Social (INSS) 70
3.3. Regime Próprio da Previdência da União (RPPS) 76
3.4. Os altos déficits dos Regimes Previdenciários 81
3.4.1. A previdência dos militares: gasto alto e desproposital 81
3.4.2. MEI: a herança negativa transferida às futuras gerações ... 85
3.5. Paguei por tanto tempo e recebo uma miséria 91
3.5.1. Contribuição dos aposentados e pensionistas 94
3.5.2. A grande perda dos segurados foi no passado 95
3.6. Não tendo para quem deixar, arrumei um dependente 96
3.7. Reforma da previdência nos Estados e Municípios 98
3.7.1. O Estado do RS fez a reforma completa 99
3.7.2. Os regimes próprios municipais: uma bomba-relógio 102
3.7.3. Os Municípios também estão mal no Regime Geral 108

4. SEGURIDADE SOCIAL: 80% DOS RECURSOS 111
4.1. A Seguridade Social está se tornando insustentável 112
4.2. Receitas, despesas e déficit da Seguridade Social 115
4.3. Despesas em % da Receita Líquida do Governo Central 116
4.4. Dispêndios por finalidades e o esmagamento da Saúde 117

5. ORÇAMENTO FEDERAL: METADE É DE PAPEL 121
5.1. Orçamento Fiscal e da Seguridade Social para 2024 122
5.2. Como será "paga" a dívida federal 126
5.3. Juros projetados no orçamento para 2024 126
5.4. O gráfico das meias-verdades ou das mentiras 127
5.5. Orçamento de 2024 e Arcabouço Fiscal 129
5.6. Emendas parlamentares e fundo eleitoral: uma vergonha 132

6. DESPESAS GLOBAIS POR FUNÇÕES 137
6.1. As maiores funções contrariam o senso comum 137
6.2. Despesa por entes federados – síntese 140
6.3. Despesas das principais funções por entes federados 140
6.4. Os grandes números escondem o que contêm os pequenos 144
6.5. Abusos da justiça: acabem com isso 145
6.6. Investimentos que não nos levam a lugar nenhum 147
6.7. Encargos especiais, despesa ajustada e juros nominais 148

7. REDUÇÃO DAS ALÍQUOTAS DE IMPOSTOS E SEU EFEITO NA ARRECADAÇÃO 151
7.1. Arrecadação do ICMS dos Estados no período 2012-2023 152
7.2. Evolução dos produtos seletivos na composição do ICMS 153
7.3. Arrecadação tributária por Estado, de 2019 a 2022 156
7.4. Lei Kandir: assunto antigo, mas é importante recordá-lo 158
7.5. Curva de LafFer, um fenômeno pouco entendido 160

8. FATORES QUE DIFICULTAM O EQUILÍBRIO ORÇAMENTÁRIO 163
8.1. Vinculações da receita, a realimentação da despesa 163
8.2. Os 10% do PIB em educação, uma utopia 167
8.3. As pensões por morte integrais – ainda causam estragos 171
8.4. Despesa com inativos e pensões na MDE, uma solução difícil 173
8.5. Piso nacional do magistério público – uma medida impensada 181
8.6. Rigidez da despesa: um inimigo do equilíbrio orçamentário 185

ANEXOS 189

Introdução

Tenho pleno conhecimento de que há duas coisas de que o leitor não gosta: equações e tabelas. No tocante às primeiras, as evitei, com exceção da demonstração dos 10% do PIB em educação, no Capítulo 8, em que não encontrei outra maneira para fazer a demonstração, que não um cálculo matemático, mesmo que simples. Quanto às tabelas, não vejo como demonstrar a evolução dos fatos sem expô-los em tabelas. Mas todas que coloquei estão acompanhadas de interpretações, de forma que o leitor pode dispensá-las. Há na parte final um conjunto de tabelas analíticas que estão lá para dirimir alguma dúvida ou para demonstrar a origem dos dados, que nas que acompanham os textos são simplificados.

Este livro não é uma inovação, porque foi elaborado com base em trabalhos feitos anteriormente, que foram revistos e adaptados à situação atual. Há outros textos, talvez a maioria, que são novos: nova visão sobre os assuntos e análise dos fatos presentes.

Já sei antecipadamente que uns vão gostar outros nem tanto e outros, ainda, vão detestar. É da vida. Ninguém agrada a todos, nem Cristo agradou. Mas de uma coisa tenho certeza: procurei ser fiel às minhas ideias e o mais verdadeiro possível, porque a verdade pode demorar, mas sempre acaba vencendo, como diz a bela frase de epígrafe deste livro, do grande pensador Jose Ingenieros.

Voltando ao conteúdo do livro, sua ideia central é combater as falsas crenças que existem sobre os assuntos, que são abusos, ou vendem ilusões, ou distorcem os fatos e atrapalham o andamento geral da administração pública, desenvolvidos ao longo dos textos. Além das falsas crenças, existem situações, muitas delas fruto de decisões erradas no passado, cujas noites dos tempos já as tornaram esquecidas, mas que permanecem gerando consequências.

Minha intenção neste livro é plantar alguma semente, visando a ajudar meu País, mesmo não sabendo se ela germina, mas com alguma esperança, repetindo o pensador citado: "possuímos farinha porque o ceifeiro não duvida diante da espiga madura".

O Brasil está rumando para um caminho sem volta por causa da previdência, não pela previdência do setor público, que continuará alta até vencer o período de transição. Depois os valores dos proventos baixam sensivelmente, com exceção do pessoal militar, tanto do governo federal como nos Estados, que, inexplicavelmente, continuaram com integralidade e paridade, o que é incompatível com o equilíbrio orçamentário. Mas, como é uma parte do funcionalismo, vai prejudicar, mas não inviabilizar a solução, embora, pelo lado da justiça, sejam privilégios.

O grande problema está no Regime Geral, cuja despesa com o INSS passou de 3,4% do PIB em 1991 para 8,3% em 2023, quase 2,5 vezes, quando devia, no máximo, ter acompanhado o PIB.

E a receita sofre os efeitos das transformações no mercado de trabalho e da transição demográfica, com alto crescimento do grau de dependência de idosos. Some-se a isso o aumento da despesa com assistência social. Esses dois itens comprimem os recursos da saúde, onde as carências são queixas diárias da população.

Precisam ser revistas as vinculações da receita, ao partir do princípio de que **quem mais gasta, mais faz**, invertem o conceito de produtividade e da economicidade, sendo um fator de desequilíbrio orçamentário. As indexações precisam também ser revistas. Os aumento reais de despesas devem ser evitados, especialmente, as maiores.

Tudo isso contribui para mais endividamento e, em decorrência, mais juros, que também aumentam a dívida, num emaranhado de causas e consequências.

Nossos políticos são quem mais deveria se preocupar com isso, mas sua preocupação é outra: fazer emendas paroquiais, que podem até atender a interesses locais imediatos, mas retiram recursos federais que poderiam ser aplicados em grandes causas nacionais, ou, ainda, impedir o crescimento da dívida.

Adam Smith, economista escocês, o Pai da Economia, disse que "nenhuma sociedade pode certamente ser florescente e feliz se a maior parte de seus membros for pobre e desgraçada". Se este livro contribuir um pouco para evitar isso, despertando nossos governantes para a correção dos inúmeros problemas nele citados, me darei por satisfeito.

Porto Alegre, abril de 2024.

CAPÍTULO 1
Carga tributária nacional

1.1. CARGA TRIBUTÁRIA NACIONAL E SUA DISTRIBUIÇÃO

> Uma ideia repetida mil vezes torna-se verdade.
>
> *Joseph Goebbels*

A título de esclarecimento, **carga tributária** é a razão entre a arrecadação tributária e o PIB. Trata-se de uma medida relativa. Por isso, dizer que a carga é tantos por cento do PIB é uma redundância, mas se for para deixar mais clara a compreensão, não vemos problema em assim proceder.

A Tabela 1.1 mostra a evolução da carga tributária nacional em anos selecionados, de 1960 a 2018, e por entes federados, em participação no PIB e em participação de cada um no total. A demonstração da **receita disponível** por entes federados não foi possível fazer a partir de 2019, por não encontrar em nenhuma fonte dessa forma, a começar pela principal, a Receita Federal, que deixou de apresentar essa informação.

O fato de só apresentar a arrecadação própria acaba dando uma informação irreal do fenômeno, levando o leitor a entender, equivocadamente, que esse é o valor de que cada ente dispõe. E, não tendo a informação correta, as pessoas passam a repetir inverdades que, com a repetição, passam a ser consideradas verdades, como muito bem diz a frase em epígrafe.

Como a carga total de 2022 é próxima, até um pouco menor que a de 2018. Em função disso, dá para afirmar que a participação de cada ente é igual ou semelhante nos dois anos citados.

TABELA 1.1 | Carga tributária disponível por ente federativo (após as transferências constitucionais)

Anos selecionados	União	Estados	Municípios	Total
PARTICIPAÇÃO NO PIB				
1960	10,40	5,90	1,10	**17,40**
1980	17,00	5,50	2,10	**24,60**
1988	14,00	6,00	2,40	**22,40**
2000	17,05	7,84	4,95	**29,84**
2010	18,74	7,66	6,10	**32,50**
2011	19,37	7,67	6,31	**33,35**
2012	18,76	7,59	6,27	**32,62**
2014	18,03	7,50	6,31	**31,84**
2018	18,23	8,08	6,95	**33,26**
2019	-	-	-	**32,59**
2020	-	-	-	**31,77**
2021	-	-	-	**33,90**
2022	-	-	-	**33,71**
PARTICIPAÇÃO NO TOTAL				
1960	59,4	34,0	6,6	**100,0**
1980	69,2	22,2	8,6	**100,0**
1988	62,3	26,9	10,8	**100,0**
2000	57,1	26,3	16,6	**100,0**
2010	57,7	23,6	18,8	**100,0**
2011	58,1	23,0	18,9	**100,0**
2012	57,5	23,3	19,2	**100,0**
2014	56,6	23,6	19,8	**100,0**
2018	54,8	24,3	20,9	**100,0**

Fonte: Khair, Amir; Araújo, Erika Amorim; Afonso, José Roberto e Castro, Kleber, 1970 a 1988. 2000 a 2002: Receita Federal Carga Tributária Bruta.

Em 1960, a União participava com 59,4% da receita disponível; Estados com 34%; e os Municípios, com 6,6%. Em 2018, a União baixou para 54,8%; os Estados para 24,3%; e os Municípios subiram para 20,9%. Como se vê, União e Estados perderam participação relativa da receita disponível. Somente os Municípios aumentaram. Receita disponível é a parte da receita que fica com os entes federados, após feitas as transferências constitucionais e legais. Os Municípios não distribuem, mas recebem dos dois outros entes.

A redução da União e dos Estados foi em termos relativos. Em termos absolutos houve aumento, porque a carga tributária aumentou de 17,4% para 33,7% do PIB.

Com isso, a União aumentou 85% (de 10,4% para 18,23%); os Estados, 37% (de 5,90% para 8,08%); e os Municípios, 588% (de 1,1% para 6,95%).

Os Municípios queixam-se da má distribuição dos recursos federais, quando eles, nesse sentido, foram os maiores beneficiados. O que ocorre com eles é o que acontece também com os Estados: alterações constitucionais, edição de leis e resoluções em nível federal, sem levar em consideração as peculiaridades regionais e locais.

A situação dos Municípios, com suas variadas atribuições, merece um tratamento especial, que será feito adiante.

Recentemente foi aprovada a LC federal n.º 194/2022, que reduziu as alíquotas do ICMS dos combustíveis, energia e telefonia de mais alguns produtos, itens esses com alto peso na arrecadação dos Estados e dos Municípios, que têm participação de 25%.

Em 2008 foi criado o piso nacional do magistério, pela Lei n.º 11.738/2008, em que a maioria dos entes federados para aplicá-la necessitava de mudança nos seus quadros próprios, o que não era de fácil aprovação legislativa. Não sendo possível no curto prazo, muitos formaram enormes passivos trabalhistas, claro, se assim entender a justiça. O Estado do RS, por exemplo, formou um passivo superior a R$ 42 bilhões, que só cessou com a implantação de novo quadro de pessoal em 2020 (Lei Estadual n.º 15.451, de 17/02/2020). Esse plano reduziu os multiplicadores contidos no anterior (Lei 6.672/1974).

A Constituição de 1988 criou a pensão integral, sem que existisse reserva atuarial para isso, proporcionando grande aumento do passivo com precatórios judiciais.

A Emenda Constitucional n.º 108/2020 vedou a utilização dos recursos da manutenção de desenvolvimento do ensino (MDE) no pagamento de inativos e pensionistas, sem, ao menos, estabelecer um período de transição.

1.2. POR QUE CRESCEU TANTO A CARGA TRIBUTÁRIA DE 1988-2010?

A carga tributária total aumentou de 22,40% em 1988 para 32,50% em 2010, 10,1 pontos percentuais, um período de grande crescimento, efeito da Constituição de 1988. Num lapso de tempo ainda mais longo, de 1960 a 2022, ela quase dobrou, ao passar de 17,40% para 33,71%. Contudo, conforme se observa na Tabela 2.1, nos últimos anos ela tem decrescido. Em 2023 a imprensa divulgou que caiu para 32,44%. Mas isso não terá continuidade, porque a política desenvolvida pelo atual governo é no sentido de aumentar a arrecadação, como medida de ajuste fiscal.

Segundo Afonso Celso Pastore, a partir de 1999, com a adoção das metas de inflação, a *senhoriagem*, um imposto inflacionário, que dependia do aumento da inflação, desapareceu, passando os déficits públicos a serem financiados por dívida pública. E, para isso, foi necessário cumprir metas de superávits primários. No entanto, no período 1999-2014, tais metas foram atingidas mediante aumento de receita tributária e não pelo controle de gastos.

> Ocorre que a Constituição de 1988 criou uma série de benefícios, sem se preocupar com as fontes de recursos, elevando o crescimento dos gastos primários para 6% ao ano, em termos reais. Eles só foram contidos em 2016 com o teto de gastos, apesar dos diversos senões que envolvem esta medida.

Além disso, as desonerações fiscais ou gastos tributários aumentaram de 2,5% a 3% entre 2008–09 para em torno de 4,5% do PIB em 2014-15 (Pastore/2021, p.235).

O governo foi obrigado a aumentar continuamente as receitas tributárias, com a criação da CSSL (1988), da COFINS (1991) do IPMF (1996), depois o IOF e, finalmente, a CPMF, que foi revogada pelo Senado em dezembro de 2007. Esse assunto é melhor tratado no Capítulo 3, que trata da Previdência.

Com o decorrer do tempo, essas contribuições foram sendo modificadas, geralmente visando ao aumento de arrecadação. Elas não eram (e não são) compartilhadas. Mesmo sendo vinculadas à Seguridade Social, o Tesouro lançava mão de parte delas, através das desvinculações das receitas da União (DRU), antes sob outras denominações. Conforme vemos no Capítulo 4 da Seguridade Social, com o passar do tempo, os déficits desta última cobertos com recursos do Tesouro Nacional passaram a ser muito maiores que as parcelas desvinculadas, que acabaram perdendo o sentido. Em 2019, elas foram extintas pela Emenda Constitucional n.º 103, de 12/11/2019 (Reforma da Previdência).

A receita previdenciária também decorreu do aumento da formalização do mercado de trabalho com a aceleração do crescimento econômico, ajudado pelo *boom* das *commodities*.

Em 2014, foram abandonadas as metas de inflação, sem compromissos com superávits primários. Isso contribuiu para a elevação da dívida bruta do governo geral (DBGG) de 51,3% do PIB em 2011 para 74,3% em 2023. No mesmo período, a dívida líquida passou de 34,5% para 60,8% (Bacen: DLSP e DBGG, 12/2023).

Mais tarde foram retomadas as metas de inflação e o compromisso com os resultados primários, mas ainda não foi conseguido até hoje eliminar totalmente os déficits. Em 2022, houve um pequeno superávit, mas muito contestado, porque o governo deixou de realizar despesas, sendo a principal, os precatórios judiciais. Em 2020 os resultados primários sofreram um revés, aumentando o déficit para R$ 746 bilhões em nível federal, devido às medidas para o enfrentamento da pandemia do coronavírus.

Em 2023 voltou a aumentar o déficit primário do Governo Central, com R$ 230,5 bilhões ou 2,1% do PIB, excetuando 2020, que alcançou 9,8%, em decorrência da Covid-19, sendo o maior desde 2016.

1.3. O MITO DA CONCENTRAÇÃO TRIBUTÁRIA NA UNIÃO

Para fazer essa demonstração, comecemos pela composição bruta da carga tributária nacional, que correspondeu a 33,7% do PIB, em 2022, como já vimos. Tal composição, no entanto, corresponde à arrecadação bruta, que sofre alteração após a distribuição e destinação de algumas receitas. Esse critério da arrecadação bruta é o que aparece em quase todos os demonstrativos, para não dizer em todos (Tabela 1.2).

Nessa arrecadação bruta, a União participa com 67,6%, sendo 32,3% dos tributos da Seguridade Social e 35,3% dos demais tributos federais; os Estados participam com 25,5%; e os Municípios, com 6,9%.

Isso transmite uma informação incompleta e distorcida da realidade financeira nacional e permite conclusões apressadas sobre o assunto, o que facilita as reivindicações por melhor repartição da fatia

TABELA 1.2 | Carga tributária nacional: arrecadação bruta por entes, 2022

Especificação	R$ milhões	Total (%)	PIB (%)
PIB	9.914.245		100,0%
1. Total da receita tributária	3.342.092	100,0%	33,7%
2. Tributos do Governo Federal	2.258.550	67,6%	22,8%
2.1. Orçamento da Seguridade Social	1.079.699	32,3%	10,9%
2.2. Demais tributos	1.178.851	35,3%	11,9%
3. Tributos estaduais	851.408	25,5%	8,6%
4. Tributos municipais	232.134	6,9%	2,3%

Fonte: Boletim Estimativa da Carga Tributária Bruta do Governo Geral – abril/2002 – STN.

tributária da União pelos demais entes da Federação. E isso é um fator que contribuiu para o atraso do País, porque vende ilusões e propicia reivindicações inconsistentes.

A Tabela 1.3 mostra o que corresponde à realidade e o que sobra dessa carga de 67,6%, que representa R$ 2.258,55 bilhões. Para saber o que fica com a União, tem-se que descontar a repartição da receita com Estados e Municípios, a contribuição ao FGTS e a contribuição do Sistema "S", também arrecadadas pela União, mas não pertencentes a ela. Com isso, resta um líquido para o Governo Federal de R$ 1.618 bilhões ou 48,4% da carga nacional bruta.

Grande parte dos recursos federais que são canalizados a Estados e Municípios são transferidos mediante o Fundo de Participação dos Municípios (FPM) e o Fundo de Participação dos Estados (FPE), sendo a soma de ambos correspondente a 50% do Imposto de Renda e do Imposto sobre Produtos Industrializados – IPI, sendo esses fundos objeto do próximo capítulo.

Grande parte dos recursos, ou 32,3% da receita bruta pertencem à Seguridade Social, altamente deficitária, que precisa ser complemen-

TABELA 1.3 | Receita disponível da União após as transferências aos demais entes federados, em 2022, em R$ milhões

Especificação	Valores	No total (%)	Na União (%)
1. Total da arrecadação tributária	3.342.092	100,0%	
2. Tributos do Governo Federal	2.258.550	67,6%	100,0%
3. Exclusões:	640.793	19,2%	28,4%
3.1. Transferências a Estados e Municípios	457.222	13,7%	20,2%
3.2. Contribuição ao FGTS	156.298	4,7%	6,9%
3.3. Contribuição para o Sistema "S"	27.273	0,8%	1,2%
4. Líquido (2 − 3)	1.617.757	48,4%	71,6%
4.1. Tributos da Seguridade Social	1.079.699	32,3%	47,8%
4.2. Demais destinações	538.058	16,1%	23,8%

Fonte: Bol. Estimativa da Carga Tributária Bruta do Governo Geral – março/23 e Bol. Financeiro – STN.

tada com recursos do Tesouro, para quem restaram R$ 538.058 milhões, ou 16,1% da carga bruta.

Igualando-se a 100,0 a receita líquida que resta à União, tem-se que 66,7%, exatamente 2/3, ficam com a Seguridade Social, restando 33,3% (um terço) para as demais destinações, conforme abaixo:

	Milhões	%
Líquido da União	1.617.757	100,0
Tributos da Seguridade Social	1.079.699	66,7
Demais destinações	538.058	33,3

As demais receitas da União que não as tributárias, além de ter pouca representatividade, grande parte é destinada à dívida, da qual é paga uma parcela reduzida.

Nas demais funções do Governo Federal estão cerca de 40 ministérios, Câmara Federal e Senado Federal, Tribunal de Contas da União, Supremo Tribunal Federal, Superior Tribunal de Justiça, Justiça Federal, Justiça Militar, Justiça Eleitoral, Justiça do Trabalho, Justiça do Distrito Federal e dos Territórios, Conselho Nacional de Justiça, Presidência da República – órgãos com grandes folhas salariais – e, ainda, a obrigação de fazer superávit primário.

Esses R$ 538.058 milhões que restam à União, acima referidos, são apenas teoricamente, porque há inúmeros outros comprometimentos que tornam os recursos disponíveis do Governo Federal muito mais reduzidos. Como cada governo quer fazer suas realizações, e com toda a razão, para isso que se elegeu, acaba, então, fazendo mediante mais operações de crédito. O resultado final disso é maior endividamento, mais juros, mais impostos, e cada vez mais o País é conduzido a um caminho sem volta.

Sem entrar na análise do mérito, que, com certeza, é inquestionável, o Congresso aprovou a Emenda Constitucional n.º 108, de 26/08/2019, que eleva a contribuição da União para o Fundeb, de 10% para 23%, escalonadamente, até 2026. O problema está na distribuição de recursos cuja fonte está cada vez mais esgotada e com altos déficits orçamentários.

Parecendo ignorar a situação e, se não ignoram, ainda é pior, os Senhores parlamentares criaram as **emendas parlamentares** na modalidade de "transferência especial", que, sobre o assunto, assim se manifestou o economista Felipe Salto, no Jornal Estado de São Paulo de 15/02/2024: "Sem lenço e sem documento, recursos públicos voam de Brasília para os municípios sem transparência (destacamos).

Do total de R$ 25,1 bilhões em emendas individuais, R$ 8,2 bilhões estão classificados na modalidade PIX para este ano. É possível consultar os autores, seus valores individuais e o Estado ou Município de destino. Mas é impossível saber a área ou política pública para a qual o recurso federal seguirá (destacamos)". A emendas assim classificadas vêm de anos anteriores, mas a cada ano aumenta mais seu valor.

Na verdade, o total de emendas é de R$ 53 bilhões, de que tratamos em outros capítulos. Parece quase nada diante de um orçamento de R$ 5,4 trilhões, ou seja, menos de 1%. No entanto, conforme vamos ver no Capítulo que trata do orçamento, retirando-se a distribuição da receita aos demais entes federados e as operações da dívida, restam R$ 2,3 trilhões, de que acabam restando os R$ 538 bilhões, um pouco mais devido a outras receitas, reduzidas, que não estão incluídas. Com isso o valor das emendas corresponde a 10% desses recursos restantes da distribuição da receita da carga tributária que, na realidade são muito menos.

O pior dessas emendas é que elas não visam a atender às necessidades mais prementes da população, mas a interesses eleitorais locais, muitas vezes de parentes de políticos que exercem seus cargos em Brasília. O nome PIX é uma nova denominação ao nefasto e tão criticado "orçamento secreto"

O mesmo jornal, no dia seguinte, em matéria intitulada "O escárnio das Emendas PIX", assim se manifesta: "Largamente utilizadas nos últimos quatro anos, a pretexto de *desburocratizar* o processo de financiamento público, a *emendas PIX, na verdade, são o estado da arte e da desfaçatez*" (grifamos). Finaliza dizendo que neste ano elas são treze vezes maiores do que em 2020. E conclui: "E nada faz supor que vai parar por aí."

1.4. A ARRECADAÇÃO CENTRALIZADA: UMA NECESSIDADE

Ouve-se seguidamente que se deixassem para os Municípios arrecadar seria muito melhor, porque evitaria o trânsito dos recursos da Capital Federal ao Município de destino. Os Municípios têm dois tributos de sua competência, além das taxas, que são arrecadados por eles, o IPTU – Imposto Predial e Territorial Urbano, e o ISQN (ou ISS) Imposto sobre Serviço de Qualquer Natureza. Este último engloba os serviços, exceto alguns de competência do ICMS (estadual). Esses tributos têm pouca representatividade na arrecadação, exceto num número reduzido de Municípios: os maiores e os localizados em zonas turísticas, de praias e de serras, principalmente, no tocante ao IPTU.

A receita tributária, pelo menos no RS, onde fizemos o levantamento, em apenas cinco deles sua participação fica entre 40% e 50% da receita corrente. Se expandirmos para mais 5, o intervalo fica entre 33% e 40%; e mais 10, ele vai para 26%-33%.

Fora essa exceção, outros 300, ou 60%, arrecadam menos de 10%, sendo que em 90 deles (15%) a arrecadação varia de 2,4% a 5%. Tudo isso é no RS; no País com um todo não deve ser muito diferente.

Por que isso ocorre? Em nosso entendimento, por duas razões: a) base tributária reduzida, tanto do IPTU, como do Imposto sobre Serviços; b) a outra razão é a proximidade entre contribuinte e fisco, que inibe a ação deste último, além do problema político, porque o contribuinte é também eleitor, fato que não ocorre geralmente nos Municípios turísticos.

Grande parte da arrecadação dos Municípios maiores vem do ICMS estadual, do qual participam com 25%. No entanto, para a maioria deles, grande parte da arrecadação vem do Fundo de Participação dos Municípios – FPM, que corresponde a 25,5% da arrecadação do Imposto de Renda e do Imposto sobre Produtos Industrializados – IPI.[1] Esses tributos que dão origem às transferências aos Municípios, pela sua natureza, não podiam ser municipais. Isso denota o acerto da centralização da arrecadação.

Diante do exposto, dá para ver que os Municípios, com exceção de um número muito reduzido, não têm as mínimas condições materiais de cobrar impostos, legislar sobre a matéria, entre outras atribuições inerentes, Por isso, a crença de que eles poderiam centralizar a arrecadação só decorre das desinformação das pessoas sobre suas condições estruturais. A arrecadação deve ser centralizada, o que precisa ser descentralizado é a aplicação dessa arrecadação. Aí reside a confusão.

1.5. SEGURIDADE SOCIAL: 80% DA RECEITA DO GOVERNO CENTRAL

Se compararmos os gastos da Seguridade Social (Previdência, Saúde e Assistência Social) com a Receita Líquida do Governo Geral, vamos ver que foram comprometidos no período 2012-2023, em média, 80,6%. Se retirarmos o ano de 2020, que foi atípico, devido à Covid-19, essa média fica em 76,9%, restando 23,1% da parte que fica com a União, para custear as demais funções de governo antes citadas. Diante disso, só em anos excepcionais não ocorre déficit. Acresce-se a isso o baixo crescimento do PIB e, consequentemente, da Receita Federal (Tabela 1.4).

Com todas essas atribuições e com uma reduzida margem de recursos, mesmo que em termos absolutos seja um valor considerável, dá para ver que a **aludida concentração de recursos não passa de um mito**.

E quanto mais destinarem recursos federais, mesmo que meritórios, a situação se agrava mais. E para complicar tudo, as emendas parlamentares, acima referidas, seguem no mesmo caminho.

---

[1] O IPI será extinto para formar, junto com o PIS e a COFINS, a Contribuição de Bens e Serviços, com o advento da Reforma Tributária.

No capítulo que trata do assunto, vamos ver a destinação dos recursos da Seguridade Social, onde se destaca a previdência e a assistência social. Um crescimento da arrecadação, que para muitos seria a solução, talvez seja o remédio principal, diante de rigidez orçamentária das despesas referidas. No entanto, esse aumento de arrecadação deve vir do crescimento do PIB e não de aumento da carga tributária.

TABELA 1.4 | Despesas da Seguridade Social em % da Receita Líquida do Governo Geral, 2012 – 2022 – Em milhões correntes

Ano	Receita líquida Gov. Central	Despesas Segur. Social	Desp. Seguridade/ Rec. líquida GC
	1	2	1/2
2012	888.495	600.951	67,6%
2013	997.088	669.207	67,1%
2014	1.023.013	740.700	72,4%
2015	1.043.105	796.580	76,4%
2016	1.088.118	874.703	80,4%
2017	1.154.746	953.305	82,6%
2018	1.227.515	993.739	81,0%
2019	1.346.780	1.054.363	78,3%
2020	1.203.961	1.471.337	122,2%
2021	1.578.824	1.267.124	80,3%
2022	1.856.083	1.391.073	74,9%
2023	1.899.387	1.608.081	84,7%
Média			**80,6%**
Média exceto 2020			**76,9%**

Fonte: Receita líquida: STN – Resultado Fiscal do Governo Central, tabela 4.1.
(1) Nas receitas constam todas as contribuições para esse fim.
2020 – Covid-19.

REFERÊNCIAS

AS EMENDAS PIX. Artigo de Felipe Salto. *Estado de São Paulo*, 15/02/2024.

IBGE – População: IBGE – Censo de 2010 – primeiros números. Apud Senado Federal. População dos censos de 2010 e de 2022.

O ESCÁRNIO DAS EMENDAS PIX. Editorial do jornal *Estado de São Paulo*, de 16/02/2024.

PASTORE, Afonso Celso. *Erros do passado, soluções para o futuro*. São Paulo 1ª edição, 2021. Portfólio-Penguin.

SANTOS, Darcy Francisco Carvalho dos e CALAZANS, Roberto Balau. *Dívida Pública e Previdência Social*, Cap. 12. Porto Alegre.

STN-SICONFI – Levantamento da arrecadação municipal, em poder do autor.

STN/CTN – Estimativa da Carga Tributária Nacional e Boletim Financeiro.

STN – TESOURO NACIONAL: Resultado da Execução Orçamentária, 2010.

TRIBUNAL DE CONTAS DA UNIÃO: Instrução Normativa n.º 144/2015.

VARSANO, Ricardo; AFONSO, José Roberto, CASTRO; Kleber Pacheco – Estudos variados; e IBRE/FGV.

WIKIPEDIA/CPM ttps://pt.wikipedia.org/wiki/Contribui%C3%A7%C3%A3o_Provis%C3%B3ria_sobre_Movimenta%C3%A7%C3%A3o_Financeira. Acesso em 24/02/2024.

CAPÍTULO 2
Fundos de Participação e suas disfuncionalidades

Considerações gerais

Os fundos principais de distribuição de recursos federais são o Fundo de Participação dos Municípios – FPM e o Fundo de Participação dos Estados – FPE, a seguir tratados. Considerando os fundos regionais, eles absorvem 50% da arrecadação do Imposto de Renda e do IPI.

Tanto o FPM quanto o FPE apresentam **disfuncionalidades** na distribuição dos recursos, de que nos ocuparemos a seguir.

2.1. FUNDO DE PARTICIPAÇÃO DOS MUNICÍPIOS – FPM

Desde 2019 que as fontes, a começar pela Receita Federal, não oferecem mais a separação das receitas tributárias e de transferências, por entes federados, que só existe até 2018.

Pela Tabela 1.1, do capítulo anterior, com abrangência entre 1960 e 2018, constata-se que os Municípios, ao contrário do senso comum, foram os que mais aumentaram sua participação na carga tributária nacional.

E isso se concretizou com o contínuo aumento do Fundo de Participação dos Municípios (FPM). Essa participação é sobre o Imposto de Renda e o IPI – Imposto sobre Produtos Industrializados, que, em 1993, foi estabelecida em 22,5%.

Começando em 1981, verifica-se que o FPM correspondia a 10%, crescendo daí em diante continuamente, alcançando 25,5% em 2022. Em 1993, a distribuição estava em 22,5% para o FPM; o Fundo de

Participação dos Estados (FPE), 21,5%; e Fundos Regionais, 3 pontos percentuais, totalizando 47%. De lá para cá foram distribuídos mais 3% dos citados tributos, para atender a reivindicações dos Municípios por aumento da participação do FPM, totalizando com os demais entes federados 50% do IPI mais Imposto de Renda (Tabela 2.1).

TABELA 2.1 | Fundo de Participação dos Municípios, desde 1981

Diploma legal	Alíquota	Vigência
EC 17/1980	10,0%	1981
	10,5%	1983/83
EC 23/1983	13,5%	1984
	16,0%	1985
EC 27/1985	17,0%	1985/88
	20,0%	1988/89
	20.5%	1989
Const. Federal 1988	21,0%	1990
	21,5%	1991
	22,0%	1992
	22,5%	1993
EC 55/2007	23,5%	2007
EC 84/2014	24,5%	2015
EC 112/2021	25,5%	2022

Fonte: Cartilha do FPM – STN – março de 2023. Começou com 10% em 1967/68, baixou para 5% em 1969/75, depois subiu gradativamente.

Os Municípios vivem de *pires na mão* pedindo dinheiro em Brasília, quando as dificuldades deles decorrem de outras razões, destacadas a seguir. A União, por seu turno, conforme visto no item 1, não dispõe de recursos para uma distribuição adicional. E toda vez que atende a essas reivindicações, aumenta mais o déficit e o endividamento públicos, em prejuízo da sociedade em geral. Além disso, os Municípios devem conter o aumento da despesa com pessoal e procurar melhorar sua arrecadação própria, que sofre os efeitos da proximidade entre fisco e contribuinte, conforme tratado em item próprio.

2.1.1. Atribuições dos Municípios

O problema dos Municípios não está na receita, mas no excesso de atribuições, surgidas de **decisões em nível federal**, nos três Poderes, sem considerar as peculiaridades regionais e locais, tais como:

Pensão integral, instituída pela Constituição de 1988, sem que houvesse reserva atuarial para tal. Isso atingiu os Estados, mas também os Municípios, em menor dimensão.

Piso nacional do magistério, criado pela Lei n.º 11.738/2008, sem considerar os multiplicadores dos planos de careira, tornando impossível seu cumprimento para a maioria dos Municípios.

Correções anuais do valor do piso, feitas sem respeitar o crescimento da receita dos Municípios. Entre janeiro de 2009 e janeiro de 2023, o valor do piso cresceu 106,8% acima do INPC, numa taxa real anual de 5,3%, o que inviabiliza qualquer administração.

Inativos e pensionistas no MDE: a Emenda Constitucional n.º 108/2020 vedou a utilização dos recursos da educação (MDE) estabelecidos no art. 212 da Constituição Federal (25% da RLIT) e outros, no pagamento de inativos e pensionistas. Isso pode ser correto, porque o pessoal inativo e pensionista não está dedicado ao ensino, no entanto a maioria dos Municípios não tem as mínimas condições de cumprir esse dispositivo, uma vez que a despesa com esses dois itens tem alta participação da folha de pagamento. Se os Municípios não usarem os recursos do MDE, com que recursos vão pagar a folha? Isso é fruto de decisões irresponsáveis do passado que hoje cobram a conta e que não podem ser resolvidas de uma hora para outra.

Redução das alíquotas de ICMS dos produtos seletivos, combustíveis, energia e telefonia, com alta participação na receita dos Estados, do que os Municípios participam com 25%. Além desses, há outros exemplos que não é necessário mencionar. Mesmo que no futuro as condições da economia se modifiquem para se adaptar a essas mudanças, o prejuízo no presente é imenso.

Voltando às **atribuições**, segundo a Prof.ª Mariza Abreu, que foi consultada sobre o assunto, assim se manifestou:

Na **educação**, cabe aos Municípios a oferta da **educação infantil** (creche e pré-escola) e **ensino fundamental** (que compartilham com os Estados). Isso inclui **educação especial e educação de jovens e adultos**. A **creche é a etapa mais cara**, pois é a única em que predomina o tempo integral, tem menos crianças por professor ou adulto e precisa de mais equipamentos e alimentação. Também predominam matrículas municipais (em relação às estaduais) na **zona rural**, onde ocorre a despesa com **transporte escolar** e menos alunos por professor.

Na saúde, os Municípios são responsáveis pela **atenção básica**.

E, além disso, eles têm a **assistência social**. Por fim, eles têm responsabilidades com infraestrutura urbana. Por exemplo: **limpeza urbana**.

Por tudo isso, dá para concluir que os Municípios estão com o alvo errado. Se não estancarem as causas que geram o desequilíbrio de suas contas, não adianta reivindicar mais recursos, que só vão aumentar o déficit federal.

Grande parte dos recursos que detêm os Municípios, especialmente os menores, que são a maioria, decorre do Fundo de Participação dos Municípios – FPM, tratado no item seguinte.

2.1.2. Operacionalização do FPM

O FPM – Fundo de Participação dos Municípios foi instituído pela Emenda Constitucional n.º 18, de 1.º de dezembro de 1965. Mas foi o Decreto-Lei n.º 1.881, de 27/08/1981, que o tornou com as características que mantém até hoje, ao criar mais uma categoria de Municípios, denominada **Reserva**, para aqueles entes com população superior a 142.632 habitantes, detentores dos coeficientes 3.8 e 4.0 dos

Municípios do Interior. Para eles foi destinado 4% da parcela dos Municípios do Interior (antes 90%), o que corresponde a 3,6%. A partir dessa data, o valor do FPM passou a ter as seguintes destinações:

CAPITAIS: 10%
INTERIOR: 86,4%
RESERVA: 3,6%

O FPM é calculado sobre o Imposto de Renda e o Imposto sobre Produtos Industrializados (IPI),[2] tendo começado com 10% em 1966, descendo para 5% no ano seguinte, quando passou a crescer anualmente. Em 1981 estava em 10%, e continuou a aumentar, com crescimento contínuo e escalonado em alguns anos, até alcançar 25,2%, em 2022. Sofreu também os descontos do FUNDEF (15%) e, depois, do FUNDEB (20%), com retorno posterior de valores, geralmente maiores, em função das matrículas da educação básica.

O valor do FPM é creditado mensalmente até os dias 10, 20 e 30, em favor dos Municípios correspondentes.

Critérios para cálculo dos coeficientes

Em nosso entendimento há muitas disfuncionalidades nos critérios de cálculo do FPM, do que passamos a tratar.

2.1.3. Municípios do interior e a desproporção da distribuição

Do montante calculado do FPM, 86,4% devem ser destinados aos **Municípios do Interior**, fazendo parte deles os Municípios contemplados com **a Reserva**, que também participam da mesma distribuição, cumulativamente. Além deles, há os Municípios das capitais dos Estados, incluindo Brasília, a quem são destinados 10% dos recursos.

---

[2] O IPI será extinto, formando junto com o ICMS e o ISS, o IBS – Imposto sobre Bens e Serviços, criado pela Reforma Tributária em andamento.

Cada Estado tem uma parcela nesse total a ser distribuída entre seus Municípios do Interior. O Estado do RS, por exemplo, participa com 7,3011% desse total, Paraná com 7,2857% e Santa Catarina, com 4,1997%. Com isso, a Região Sul ficou com 18,78% do valor total, muito além da participação da população, que é de 14,7%. **No entanto, é o único caso em que a Região Sul é favorecida.** Nos demais casos, ela é desfavorecida, assim como todos os Estados de maior renda *per capita*. No FPE, por exemplo, a Região Sul recebe apenas 5,4%, para a população citada de 14,7% do total brasileiro.

A distribuição para os Municípios do Interior, expressa na Tabela 2.2 (Tabela VII da Cartilha), contém uma enorme disfuncionalidade, que decorre do fato de até 10.188 habitantes o Município ser enquadrado no mesmo coeficiente, ou 0,6.

No Brasil, de um total de 5.570 Municípios, 3.092, ou 55,5%, têm menos de 10.188 habitante, conforme Censo de 2022. No Estado do RS – onde houve uma grande onda de municipalização antes que o governo federal estabelecesse limitações –, para um total de 497 Municípios, 335, mais de 2/3 (67,4%), estão nessa faixa de habitantes (Tabela 2.2).

TABELA 2.2 | FPM Interior – Tabela por faixa de habitantes

Faixa de habitantes	Coeficiente	Faixa de habitantes	Coeficiente
Até 10.188	0,6	De 61.129 a 71.316	2,4
De 10.189 a 13584	0,8	De 71.317 a 81.504	2,6
De 13.585 a 16980	1,0	De 81.505 a 91.692	2,8
DE 16.981 a 23.772	1,2	De 91.693 a 101.880	3,0
De 23.773 a 30.564	1,4	De 101.881 a 115.464	3,2
De 30.565 a 37.356	1,6	De 115.465 a 129.048	3,4
De 37.557 a 44.148	1,8	De 129.049 a 142.632	3,6
De 44.149 a 50.940	2,0	De 142.633 a 156.216	3,8
De 50.941 a 61.128	2,2	Acima de 156.216	4,0

Fonte: Cartilha do FPM – março/2023, Tabela VII.

A consequência disso é a pulverização dos recursos, cujo bolo continua do mesmo tamanho, só diminuindo a fatia de cada um. Com isso, criam-se despesas-meio nos Municípios novos que poderiam ser aplicadas em atividades fins nos Municípios de origem. Por exemplo, na criação de 10 Municípios de coeficiente 0,6, se o total dos coeficientes era 100,00, ele passa para 106. Um Município maior de coeficiente 4, que tinha uma participação de 4% (4/100), passa para 3,77% (4/106).

Os Municípios maiores, que perdem parte dos recursos, continuam tendo que oferecer certos serviços que só eles podem fazer, com destaque para os tratamentos de saúde, até mesmo os menos especializados.

Por outro lado, os Municípios, quanto menores forem, terão uma receita *per capita* maior, porque, sendo o numerador fixo (cota de FPM), quanto menor for o denominador (número de habitantes), maiores serão os valores *per capita* resultantes.

Um Município com 5.000 habitantes terá o dobro dos recursos *per capita* de um de 10.000. Já um outro de 3.000 habitantes terá 3,3 vezes. A Tabela 2.3, relativa ao Brasil e ao Estado do Rio Grande do Sul, explicitam melhor a quantidade de Municípios em cada um.

TABELA 2.3 | Municípios conforme número de habitantes

Habitantes	BRASIL		RIO G. DO SUL	
	Municípios	%	Municípios	%
Total	5.570	100,0	497	100,0
Mais de 142.632	209	3,8	12	2,4
Menos de 142.632	5.361	96,2	485	97,6
Menos de 10.188	3.092	55,5	335	67,4
Menos de 5.000	1.249	22,4	237	47,7
Menos de 3.000	479	8,6	120	24,1
Menos de 2.000	133	2,4	44	8,9

Fonte: IBGE – Censo de 2022.

2.1.4. Coeficiente da reserva do FPM: disfuncional

Conforme já citado, os recursos do FPM são distribuídos para os Municípios do Interior, em que aqueles com população superior a 142.632 habitantes, em número de 181, exceto as capitais, recebem um complemento denominado **Reserva**. Os Municípios contemplados com a **Reserva** são os enquadrados nos **coeficientes 3.8 e 4** da Tabela 2.2. As capitais têm cálculo próprio, conforme tratado adiante.

Nesse caso, o critério de distribuição é pela população, no tocante às parcelas principais, igual aos demais Municípios do Interior. Já a **Reserva** é calculada pelo inverso da renda *per capita* da Unidade da Federação onde está localizado o Município. Esse critério não serve para equalizar as diferenças regionais, porque devia ser considerada a renda *per capita* do Município em causa e não a do Estado.

Por exemplo, o Município de Alvorada, no RS, que tem uma das menores, rendas *per capita*, se não a menor, recebe o mesmo valor do Município de Caxias do Sul, que tem uma das maiores rendas por habitante do Estado.

A incongruência não está somente dentro de cada Estado, mas na comparação de uma unidade federada com outra. Os Municípios não são contemplados com base na sua renda *per capita*, mas pelo fato de estarem ou não em determinada unidade federada. A Tabela 2.4 apresenta para cada uma das 22 unidades da federação contempladas com a Reserva a **PARTICIPAÇÃO RELATIVA NO TOTAL DA RESERVA** de cada Município, que mostra a grande diferença dos valores recebidos pelos Estados.

TABELA 2.4 | Participação relativa dos Municípios na Reserva do FPM, 2024

Seq.	UF	N.º Municípios da UF	Renda *per capita** da UF	Fator renda *per capita*	Fator população	Participação relativa no total reserva
1	AL	1	22.662	1,8	2	0,9594
2	AM	3	30.804	1,4	2	0,6838
3	BA	12	23.531	1,8	2	0,8792
4	CE	4	21.090	2,0	2	0,9769
5	ES	5	45.354	0,9	2	0,4797
6	GO	7	37.414	1,2	2	0,5861
7	MA	5	17.472	2,5	2	1,2211
8	MG	17	40.052	1,0	2	0,5717
9	MS	1	50.086	0,8	2	0,4312
10	MT	3	65.426	0,6	2	0,4215
11	PA	6	29.953	1,4	2	0,7655
12	PB	2	19.082	2,5	2	1,2211
13	PE	7	22.824	1,8	2	0,8792
14	PI	1	19.433	1,0	2	0,9769
15	PR	12	47.422	0,9	2	0,4396
16	RJ	22	54.360	0,8	2	0,3907
17	RN	2	22.517	1,8	2	0,8792
18	RS	11	50.694	0,8	2	0,4312
19	SC	10	58.401	0,7	2	0,3827
20	SE	1	22.177	2,0	2	0,9769
21	SP	56	58.302	0,7	2	0,3419
22	TO	1	32.215	1,4	2	0,6838
	TOTAL	189	43.248*			

Fonte: TCU, Instrução Normativa n.º 207, de 22/11/2023.
(*) Renda *per-capita* do País. Mediana: 0,6838.

O fator por faixa de população para efeito do cálculo dos Municípios das capitais e da Reserva consta da Tabela 2.5.

TABELA 2.5 | FPM Capital e reserva – Fator população

População do Município/População referência	Fator
Até 2%	2,0
Acima de 2% até 2,5%	2,5
Acima de 2,5% a 3,0%	3,0
Acima de 3.0% até 3.5%	3,5
Acima de 3,5% a 4,0%	4,0
Acima de 4,0% até 4,5%	4,5
Acima de 4,5%	5,0

Fonte: Cartilha do FPM – março/2023, Tabela II.

O Gráfico 2.1 deixa mais claras as disparidades, com variação de 0,3419 a 1,2211, ou seja, 3,57 vezes, onde são favorecidos os Estados de menor renda *per capita*, e como corolário, prejudicando os de maior renda. O favorecimento dos Estados mais pobres é justo, mas o problema está no exagero. É como diz aquele ditado popular: "a di-

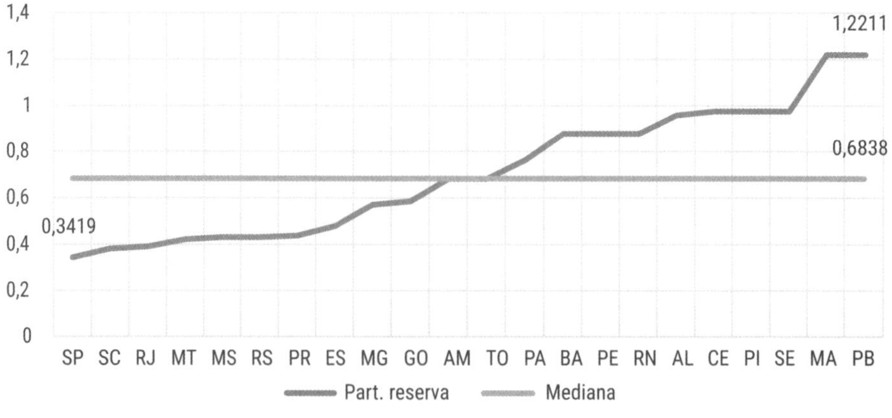

GRÁFICO 2.1 | Participação relativa dos Municípios no total da RESERVA do FPM para 2024.
Fonte: Decisão Normativa – TCU, IN n.º 207, de 22/11/2023.

ferença entre o remédio e o veneno está na dose". Ocorre que entre os Estados considerados mais ricos há regiões em piores situações que muitos Municípios das regiões consideradas mais pobres.

2.1.5. Coeficiente de FPM das capitais: também disfuncional

Não desconsiderando que a parte destinada aos Municípios do Interior corresponde a 86,4% dos recursos e que a distribuição é em função do número de habitantes e, portanto, sem favorecer uma região ou Município em detrimento de outro, a verdade é que existem grandes disparidades na distribuição do FPM no tocante à Reserva, o que já abordamos, e os Municípios das Capitais, que passamos a tratar.

Nos Municípios das capitais a distribuição do FPM é na razão direta da população e na razão inversa da renda *per capita* da Unidade da Federação correspondente. Deveria ser a renda *per capita* da capital.

Da mesma forma que na Reserva, há muitas disparidades, das quais citamos alguns casos, conforme Tabela 2.6:

- São Paulo, com uma população 4,7 vezes maior do que a de Salvador, recebe uma participação no FPM 2,6 vezes menor;
- Porto Alegre, com uma população 3,2 vezes a de Boa Vista, recebe 48% do valor que recebe a capital em causa;
- Recife, com 1,1 vezes a população de Porto Alegre, recebe um valor 2,6 maior.
- Aracaju, com uma população 19 vezes menor que a de São Paulo, participa no FPM com 14% a mais;
- Florianópolis, com 21% a mais em população do que Macapá, recebe um FPM 2,6 vezes menor.

Os exemplos são vários, mas ficamos com apenas os citados.

O Gráfico 2.2 mostra as discrepâncias existentes entre a participação no FPM das capitais, cujo extremo vai do índice 1,0489, atribuí-

TABELA 2.6 | Coeficientes do FPM das capitais para 2024

Seq.	UF	Capital	População	Renda per capita*	Fator população	Fator renda per capita	Part. relativa no total das capitais
1	AC	Rio Branco	364.756	23.569	2,0	1,8	3,1468
2	AL	Maceió	957.916	22.662	2,5	1,8	3,9335
3	AM	Manaus	2.063.689	30.804	4,5	1,4	5,5069
4	AP	Macapá	442.933	22.903	2,0	1,8	3,1468
5	BA	Salvador	2.417.678	23.531	5,0	1,8	7,8671
6	CE	Fortaleza	2.426.708	21.090	5,0	2,0	8,7412
7	DF	Brasília	2.817.381	92.732	5,0	0,5	2,1853
8	ES	Vitória	322.869	45.354	2,0	0,9	1,5734
9	GO	Goiânia	1.437.366	37.414	3,5	1,2	3,6713
10	MA	São Luís	1.037.775	17.472	2,5	2,5	5,4632
11	MG	B. Horizonte	2.315.560	40.052	5,0	1,0	4,3706
12	MS	C. Grande	898.100	50.086	2,0	0,8	1,3986
13	MT	Cuiabá	650.877	65.426	2,0	1,6	1,0489
14	PA	Belém	1.305.403	29.953	3,0	1,4	3,6713
15	PB	J. Pessoa	833.932	19.082	2,0	2,5	4,3706
16	PE	Recife	1.492.087	22.824	3,5	1,8	5,5069
17	PI	Teresina	866.300	19.466	2,0	2,0	5,4632
18	PR	Curitiba	1.773.718	47.422	4,0	0,9	3,1468
19	RJ	R. Janeiro	6.211.223	54.360	5,0	0,8	3,4965
20	RN	Natal	751.300	22.517	2,0	1,8	3,1468
21	RO	Porto Velho	494.013	35.045	2,0	1,4	2,4475
22	RR	Boa Vista	413.486	27.888	2,0	1,6	4,3706
23	RS	P. Alegre	1.332.833	50.694	3,0	0,8	2,0979
24	SC	Florianópolis	537.211	58.401	2,0	0,7	1,2237
25	SE	Aracajú	602.757	22.177	2,0	2,0	3,4965
26	SP	S. Paulo	11.451.999	58.302	5,0	0,7	3,0594
27	TO	Palmas	302.692	32.215	2,0	1,4	2,4475
		TOTAL	46.522.562	42248**			100,00

Fonte: TCU - Decisão Normativa n.º 207, de 22/11/2023.
(*) Renda *per capita* da UF. (**) Renda *per capita* média do Brasil.

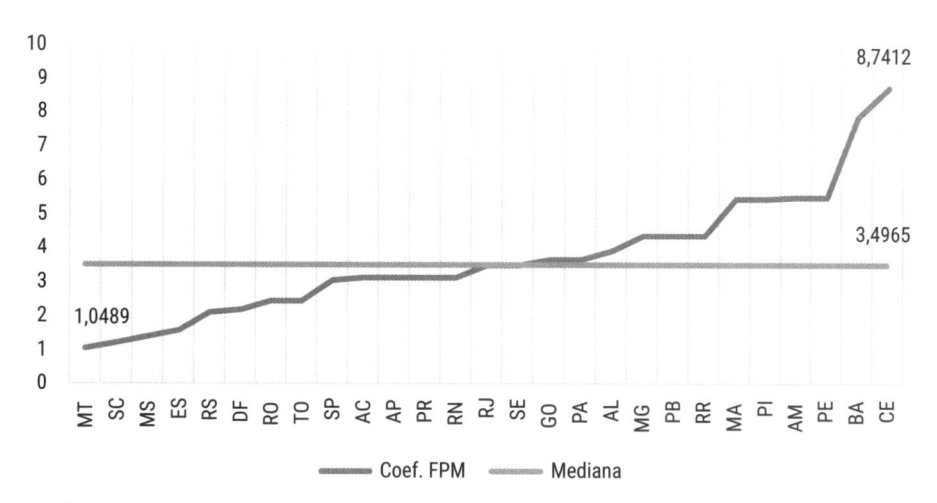

GRÁFICO 2.2 | Coeficiente do FPM das capitais para 2024.
Fonte: TCU – Decisão Normativa n.º 207, de 22/11/2023.
Nota: Constam os nomes dos Estados correspondentes, em vez das capitais.

do a Cuiabá, ao índice 8,7412, de Fortaleza, 8,33 vezes maior, sendo 2,5 vezes a mediana dos valores. É claro que parte das disparidades está no tamanho da população, mas o fator determinante é a renda *per capita*, conforme visto antes.

2.2. FPE: REPARTIÇÃO INADEQUADA E INJUSTA

Introdução

O fato de tratarmos do FPE como um dos maiores exemplos de má distribuição dos recursos para os Municípios do Sul e do Sudeste e, especialmente ao Estado do RS, não somos daqueles que fazem coro de queixas ao Governo Central no tocante ao tratamento dado ao Estado, porque temos universidades federais, hospitais federais e quartéis do Exército Nacional mais do que a maioria ou a totalidade dos entes da federação, excluindo o DF de qualquer comparação por ser a sede do Governo Federal.

Mas, no que diz respeito ao Fundo de Participação dos Estados (FPE), a maior transferência de recursos federais, **somos muito prejudicados, aliás o mais prejudicado do País**, o que passamos a tratar.

Precedentes

O povo gaúcho sempre foi muito queixoso pelo que entende por exploração dos Estados, especialmente o RS, por parte do Governo Central, ao ponto de em 1835 deflagar um grande movimento armado contra o citado Governo Central, a Revolução Farroupilha (20/9/1835 a 01/03/1845), que durou quase dez anos. Na ocasião, seu principal líder fez esta afirmação:

> Alimentávamos os outros na abundância e perecíamos de miséria, sustentávamos o fasto, as extravagâncias dos ministros dilapidadores e não podíamos satisfazer as mais urgentes exigências da sociedade em que vivíamos; e para acúmulo de afrontas recebíamos de mãos estranhas e como por esmola a miserável quantia que nossos próprios cofres nos concediam.
> Parte do Manifesto do Presidente da República Rio-Grandense, Bento Gonçalves da Silva. Piratini, 29/08/1838,
> p.4, 6.º parágrafo.

Há muitos exageros nas queixas dos gaúchos, conforme acima citado, mas em alguns casos eles têm razão; entre eles, a inadequada e injusta distribuição do Fundo de Participação dos Estados – FPE, que era ruim e ficou muito pior com a mudança ocorrida em 2013 (LC 143), uma injustiça escancarada. Mas aqui há uma diferença entre o movimento dos farrapos, que era uma queixa contra o Governo Central. A má distribuição do FPE depende do Congresso Nacional, cuja formação se dá por representantes de todos os Estados. É um problema de regiões nacionais que se uniram em seu próprio benefício, em detrimento de outras regiões.

2.2.1. FPE e sua injusta distribuição

O FPE é formado por 21,5% do produto da arrecadação do Imposto de Renda e do Imposto sobre Produtos Industrializados – IPI. Esse fundo é distribuído na proporção de 85% para os Estados do Norte,

Nordeste e Centro-Oeste e 15% para as regiões Sul e Sudeste, embora estas últimas contribuam com cerca de 80% da arrecadação desses tributos e detenham 56% da população. A injustiça começa aí, mas as piores vêm depois.

Destacamos que o IPI será extinto com a reforma tributária, devendo esse critério ser modificado.

O FPE foi criado para promover o equilíbrio socioeconômico entre os Estados, por isso os mais pobres devem receber mais recursos que os mais ricos. O problema está em estabelecer qual a proporção adequada para que ocorra esse equilíbrio.

Os índices que estão em vigor foram estabelecidos na Lei Complementar n.º 62, de 1989, e deveriam ser alterados por lei específica em 1992, o que não ocorreu. Em função disso, as condições socioeconômicas dos Estados se alteraram, e a distribuição dos recursos do FPE não se modificou.

Em decorrência, quatro Estados, entre eles o RS, ajuizaram ações diretas de inconstitucionalidade, contestando o uso de coeficientes fixos. O STF, em fevereiro de 2010, atendeu às reivindicações dos Estados, julgando inconstitucionais os coeficientes fixos, tendo mantido, no entanto, a vigência da regra atual até 31 de dezembro de 2012, lapso de tempo necessário para que o Congresso Nacional aprovasse nova legislação.

2.2.2. Novas regras de distribuição: pior a emenda do que o soneto

Das frases atribuídas a Murphy há uma que parece adequar-se muito bem ao que resultou da **última alteração dos critérios de distribuição do FPE**, para alguns Estados: "Nada é tão ruim que não possa piorar".

Visando a atender à determinação do STF, foi editada a Lei Federal n.º 143, de 17/07/2013, que aprovou novos critérios, tão complicados quanto injustos para alguns Estados, deixando "pior a emenda do que o soneto".

A Região Sul perdeu 17% com o novo critério. A que mais ganhou foi a Região Sudeste, embora **São Paulo**, que detinha apenas 1%, ficasse com menos ainda, ou 0,752%. O grande ganhador foi o Estado do Rio de Janeiro, com um acréscimo de 99,1%, e o Estado do Espírito Santo, com 38,9% (Tabela 2.7). Já, a Região Nordeste, reconhecidamente a mais pobre, perdeu 6,7%. A Região Norte aumentou sua participação em 10%, tendo o Estado do Amazonas aumentado em 51,1%.

As Regiões Sul e Sudeste ficavam com apenas 15% dos recursos e passaram para 15,83%, um aumento de 5,5%. Mas esse aumento decorreu das distorções referidas, em que o Estado do Rio de Janeiro foi o maior beneficiário; e o Rio Grande do Sul o que mais perdeu, **35,5%**, inicialmente, ficando na 27.ª posição, conforme Tabela 2.7, mesmo havendo no Estado microrregiões deprimidas social e economicamente. A Tabela 2.8 mostra a comparação por regiões geográficas, cujos dados globais não mostram as diferenças existente entre Estados.

O novo critério estabelece que a partir de 1.º de janeiro de 2016 o valor a ser distribuído será o do índice de 2015, corrigido pela variação acumulada do IPCA do correspondente decênio e pelo percentual acumulado de 75% da variação real do PIB da unidade beneficiária do ano anterior ao considerado para a base de cálculo.

Também a partir de 1.º de janeiro de 2016, a parcela que superar ao montante especificado no parágrafo anterior será distribuída proporcionalmente aos coeficientes individuais de participação obtidos a partir de fatores representativos da população e do inverso da renda domiciliar *per capita* da entidade beneficiária.

A lei em causa também define como se apuram as variáveis referidas para a distribuição de 2016 em diante (população e inverso da renda *per capita*), assim como as várias travas e/ou limites nela estabelecidos.

Trata-se de um critério complicado e, ao tomar como base a população e a **renda domiciliar *per capita***, implicou grandes perdas

TABELA 2.7 | Índice de distribuição do FPE por Estado, 2015 e 2016

UF	Região	2015	2016	Variação	Ordem*
AC	NO	3,4210	3,941300	15,2%	7
AL	NE	4,1601	4,611875	10,9%	9
AM	NO	2,7904	4,215887	51,1%	2
AP	NO	3,4120	3,610209	5,8%	10
BA	NE	9,3962	8,356399	-11,1%	20
CE	NE	7,3369	6,674281	-9,0%	19
DF	CO	0,6902	0,656117	-4,9%	17
ES	SD	1,5000	2,083879	38,9%	3
GO	CO	2,8431	2,852698	0,3%	14
MA	NE	7,2182	7,005254	-3,0%	16
MG	SD	4,4545	4,543850	2,0%	12
MS	CO	1,3320	1,780955	33,7%	4
MT	CO	2,3079	2,035262	-11,8%	21
PA	NO	6,1120	6,300366	3,1%	11
PB	NE	4,7889	4,470520	-6,6%	18
PE	NE	6,9002	5,726236	-17,0%	23
PI	NE	4,3214	4,284850	-0,8%	15
PR	SU	2,8832	2,388160	-17,2%	24
RJ	SD	1,5277	3,040972	99,1%	1
RN	NE	4,1779	4,209038	0,7%	13
RO	NO	2,8156	3,557097	26,3%	5
RR	NO	2,4807	2,761147	11,3%	8
RS	SU	2,3548	1,519336	-35,5%	27
SC	SU	1,2798	1,499516	17,2%	6
SE	NE	4,1553	3,589923	-13,6%	22
SP	SD	1,0000	0,752204	-24,8%	26
TO	NO	4,3400	3,532669	-18,6%	25
		100,0000	100,0000		

Fonte: Tribunal de Contas da União: Instrução Normativa 144/2015 e Lei Complementar n.º 143, de 17/07/2013.
(*) Cálculos do autor.

TABELA 2.8 | FPE por região, antes e após a mudança de 2013

Regiões	Até 2015	2016	Variação
Nordeste	52,5	48,9	−6,7%
Norte	25,4	27,9	10,0%
Centro-Oeste	7,2	7,3	2,1%
Subtotal	**85,0**	**84,2**	**−1,0%**
Sudeste	8,5	10,4	22,9%
Sul	6,5	5,4	−17,0%
Subtotal	**15,0**	**15,8**	**5,5%**
TOTAL	**100,0**	**100,0**	

Fonte: Tabela 1.7 e Instrução Normativa n.º 144/2105 – TCU e Lei Complementar n.º 143, de 17/07/2013.

futuras àqueles entes com uma **população com menor crescimento e com renda domiciliar** *per capita* **maior**.

O Estado do Rio Grande do Sul, a população (6.ª do País) nos últimos dois censos, de 2010 e 2022, cresceu apenas 1,7% ou 0,14% ao ano, sendo esse crescimento o 23.ª do País, ficando adiante somente de quatro Estados: Rondônia, Bahia, Rio de Janeiro e Alagoas. Além disso, tem a 3ª maior renda domiciliar *per capita* do País, situando-se abaixo somente do Distrito Federal e de São Paulo. O Gráfico 2.1 mostra a queda da participação do Estado do RS no FPE, de 2,35%, em 2015, para 1,26%, em 2024, ou seja, 53,6%, depois de alcançar 1,05% em 2023.

2.2.3. Estado do RS, o que mais perdeu com a nova regra do FPE

Não é choro de gaúcho, nem a naturalidade do autor, mas foi o Estado do RS, entre as 27 unidades federadas, o que mais perdeu com a nova regra do FPE. E o pior é que a situação tende a se agravar, pelo exposto antes no texto: alta renda domiciliar *per capita* e crescimento quase nulo da população.

Na distribuição de 2013, que está vigorando, pode ser observado no Gráfico 2.3. Se compararmos com 2015, antes de começar a vigorar a nova sistemática, o Estado do RS, que já tinha um índice reduzido, caiu na participação no FPE em relação a 2024 em 46,4%, ou seja, ficou quase pela metade (2,35% para 1,26%). Em 2023 o índice chegou a descer para 1,05%, ficando em apenas 45% do que era, menos da metade.

Em 2023 ingressaram no Estado R$ 3.209 milhões de FPE, restando líquido ao Estado R$ 2.185 milhões, calculado pelo produto desse valor pela razão Fundeb recebido/Fundeb remetido (0,6808). O valor líquido, pelo índice de 2015 (2,35/1,05), seria R$ 4,9 bilhões, **portanto uma perda de R$ 2,7 bilhões**.

Mas sejamos menos radicais e apliquemos o índice para 2024, que evoluiu de 1,05 para 1,26. Pois, com esse índice mais favorável, **a perda ainda seria de R$ 1,9 bilhão**.

Quanto investimento o Estado faria com esse recurso adicional. Quanto poderia atender de outras finalidades básicas do Estado? Nem precisaria aumentar alíquota de ICMS, porque o FPE é receita permanente.

Atenção senhores parlamentares, vão deixar passar essa? Isso não é choro de gaúcho. É a verdade incontestável dos números.

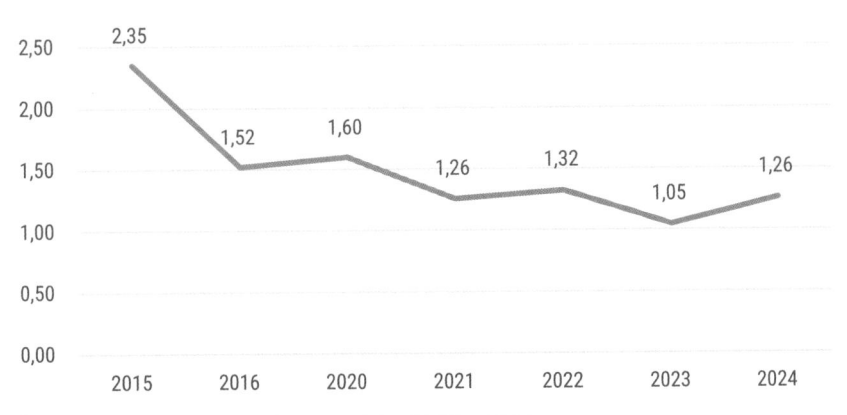

GRÁFICO 2.3 | Participação do RS no FPE, 2015 – 2024.
Fonte: Instrução Normativa n.º 144/2015, do TCU.

CRENÇAS E SITUAÇÕES QUE ATRASAM O PAÍS | 59

2.2.4. Injustiças escancaradas

O mais incrível é que muitos Estados que ficariam mais prejudicados pelos critérios futuros tiveram **um excelente crescimento inicial**, na passagem de 2015 para 2016, enquanto o **Estado do RS perdeu 35,5% nessa passagem**, que destacamos a seguir.

Rondônia, o de menor crescimento da população, teve uma melhora no índice de 2016 sobre 2015 de 26,3%; **Rio de Janeiro** teve 99,1% de crescimento; **Alagoas**, um crescimento de 10,9%. Já o **Estado da Bahia** teve um decréscimo de 11,1%, no entanto **tinha o maior índice de participação entre todos os Estados e continuou com o maior**, tendo a 4.ª população e a 23.ª renda domiciliar *per capita* do Brasil.

Para efeito de comparação, o Estado da Bahia, com uma população de 14.136.417 habitantes, **tem 30% a mais de população que o Estado do RS**, que soma 10.880.506 (censo de 2022). No entanto, o Estado da Bahia, na distribuição em 2016, ficou com índice de 8,36, **e o Estado do RS, com 1,52**, portanto 5,5 vezes.

Com base no último **coeficiente disponível, o de 2024**, o índice do Estado da Bahia aumentou para **8,79, ou 5,1%, desde 2016. Já o Estado do RS teve uma redução para 1,26, portanto, menos 17,1%. A razão inicial que era de 5,5, passou para 7 vezes.**

Tomando-se **a renda domiciliar *per capita***, o Estado do RS tinha em 2022 R$ 2.087 e o Estado da Bahia, R$ 1.010, sendo a do Estado do RS mais que o dobro da renda do Estado da Bahia, **um fator de 2,066**.

A razão entre os fatores a seguir escancara a injustiça dessa distribuição do FPE entre os Estados:

Fator 1: Razão entre as populações:
BA/RS = 14.136.417/10.880.506 = 1,3

Fator 2: Razão entre as rendas domiciliares *per capita*:
BA/RS = $(1010/2087)^{(-1)}$ = 2,066 [3].

---

[3] Proporção inversa na regra de três.

Fator de equilíbrio = 1,3 x 2,066 = 2,686
Razão entre os fatores = 7 vezes /2,686 = 2,6 vezes.

Isso indica que o fator do Estado da Bahia é 2,6 vezes maior do que seria o **fator de equilíbrio** com o Estado do RS.

Se a população do Brasil cresceu 6,5% entre 2010 e 2022, a uma taxa de 0,52% ao ano e o Estado do RS cresceu 1,7% ou 0,14% ao ano, uma taxa quatro vezes menor, se não for alterado esse critério, cada vez mais o Estado do RS irá diminuir seu índice de participação no FPE.

Diante de tudo isso, Bento Gonçalves, se fosse vivo, seria aclamado por uma multidão de gaúchos para deflagar uma nova Revolução Farroupilha...

2.2.5. Distorções nos índices de FPE da LC 143/2013

Quando comparados os índices do FPE para 2024 (último disponível) com os valores anteriores às alterações trazidas pela Emenda Constitucional n.º 143/2013, vemos que duas regiões foram favorecidas por essas mudanças: a Região Norte e a Região Sudeste.

Em regra geral, perderam participação as regiões Centro-Oeste, Nordeste e Sul.

Dois grandes ganhadores se destacaram: Amazonas, com 77,9% de crescimento do índice; Roraima, com 50,9%, e Rio de Janeiro, com 48,9%, mesmo que este Estado tenha perdido no último ano, porque na ocasião da mudança ele ganhou 99,1%.

Toda a Região Sul perdeu, com destaque para o Estado do Rio Grande do Sul, cuja perda foi de 46,3%, acumulando com a perda do ano anterior, de 35,5%. São Paulo, embora tenha ganho, até 2024, 16,6%, sua perda no ano anterior havia sido de 24,8%.

Por incrível que pareça, na Região Nordeste, reconhecidamente a mais pobre do País, todos os Estados, menos Alagoas, perderam, mesmo que os índices fossem pouco significativos (Tabela 2.9).

TABELA 2.9 | Estados que perderam e ganharam com a LC 143/2013

UF	Região	Antes da LC 143 (2015)	Para 2024	2024 - Antes da LC Ganhos %	2024 - Antes da LC Perdas %
DF	CO	0,6902	0,6703		-2,9%
GO	CO	2,8431	2,8970	1,9%	
MS	CO	1,3320	1,2096		-9,2%
MT	CO	2,3079	1,8623		-19,3%
AL	NE	4,1601	4,7340	13,8%	
BA	NE	9,3962	8,7906		-6,4%
CE	NE	7,3369	6,5445		-10,8%
MA	NE	7,2182	6,6657		-7,7%
PB	NE	4,7889	4,4832		-6,4%
PE	NE	6,9002	6,8295		-1,0%
PI	NE	4,3214	4,1578		-3,8%
RN	NE	4,1779	3,5732		-14,5%
SE	NE	4,1553	3,6404		-12,4%
AC	NO	3,4210	4,0881	19,5%	
AM	NO	2,7904	4,9633	77,9%	
AP	NO	3,4120	3,6978	8,4%	
PA	NO	6,1120	6,3398	3,7%	
RO	NO	2,8156	2,7801		-1,3%
RR	NO	2,4807	3,7445	50,9%	
TO	NO	4,3400	2,7228		-37,3%
ES	SD	1,5000	1,8044	20,3%	
MG	SD	4,4545	5,3328	19,7%	
RJ	SD	1,5277	2,2746	48,9%	
SP	SD	1,0000	1,1620	16,2%	
PR	SU	2,8832	2,5722		-10,8%
RS	SU	2,3548	1,2640		-46,3%
SC	SU	1,2798	1,1954		-6,6%
		100,0000	100,0000		

Fonte: LC 143/2013 e Inst. Normativa 144/2015 e seguintes, do TCU.

2.2.6. Uma proposição preliminar

O Estado do RS, na transição da sistemática anterior do FPE, de 2015 para 2016, pela Lei Complementar n.º 143/2013, teve seu índice de participação no **FPE reduzido de 2,3548 para 1,5193, uma perda equivalente a 35,5%**. Os critérios adotados para os anos seguintes vincularam o cálculo ao inverso da renda domiciliar *per capita* e ao crescimento populacional, culminando com um fator de 1,2640 em 2024, depois de ter sido 1,0474 em 2023.

A maioria dos Estados teve índice inicial muito maior do que o anterior, como Rio de Janeiro, mais 99,1%; Amazonas, 51,10%; Espírito Santo, 38.90%, Mato Grosso do Sul, 33,70% e Rondônia, 26,30%, entre outros exemplos. Alguns Estados perderam no índice citado, mas todos muito menos que o Estado do RS.

Mesmo que não seja possível modificar os critérios posteriores, que, pelo menos, não haja perda no ponto de partida.

Diante disso, recomendamos uma mudança na LC 143/2013, que, por ser federal, deve ser alterada pelo Congresso Nacional, visando ao seguinte:

Os Estados que perderam na participação do FPE na transição de 2015 para 2016 devam manter o índice de 2015 como um limite inferior permanente.

Essa mesma lei vai estabelecer os critérios posteriores, preocupando-se sempre com a manutenção do índice mínimo referido.

Mesmo sendo uma mudança na legislação federal, isso não impede que o parlamento estadual defenda essa alteração junto aos foros competentes federais.

REFERÊNCIAS

ABREU. Mariza. Atribuições dos Municípios, não publicado.

GOVERNO FEDERAL. Lei Complementar n.º 62, de 28/12/1989.

GOVERNO FEDERAL. Lei Complementar n.º 143, de 17/07/2013.

IBGE – População: IBGE – Censo de 2010 – primeiros números. *Apud* Senado Federal. População dos censos de 2010 e de 2022.

IBGE: Renda domiciliar *per capita* dos Estados em 2022.

Lei Federal n.º 143, de 17/07/2013, dispõe sobre os critérios de distribuição do Fundo de Participação dos Estados – FPE.

Manifesto do Presidente da República Rio-Grandense em nome de seus constituintes. Piratini, 1838. Disponível em: https://digital.bbm.usp.br/view/?45000010450&bbm/7479#page/1/mode/2up.

STN/CTN – Estimativa da Carga Tributária Nacional e Boletim Financeiro.

STN – Cartilha do PPM – março/2023.

TESOURO NACIONAL: Resultado da Execução Orçamentária, 2010.

TRIBUNAL DE CONTAS DA UNIÃO: Instrução Normativa n.º 144/2015.

VARSANO, Ricardo; AFONSO, José Roberto, CASTRO; Kleber Pacheco – Estudos variados; e IBRE/FGV.

CAPÍTULO 3
Previdência Social: a crise que se acentua

> "No espaço vamos (ou não) para lá e para cá; no tempo, numa só direção. O presente foge, o passado é irrecobrável, o futuro, incerto. E pior. Gostemos ou não de encarar o fato, o fluxo do rio heraclitiano[4] tem suas curvas e corredeiras, mas nos arrasta rumo a uma única e inexorável direção: senescência, decrepitude e morte. E, isso, é claro, se nenhum acidente trouxer um naufrágio precoce."
>
> *Gianetti, Eduardo, em o* Valor do Amanhã*, p.43.*

Histórico

A frase em epígrafe mostra a verdadeira realidade da vida; o tempo é nosso inimigo, está no contrafluxo na caminhada da existência. Por isso, a previdência tem uma importância fundamental. Neste capítulo vamos ver as diversas nuances da previdência, mas, antes disso, vamos transcrever e comentar as transcrições a seguir.

Esta introdução não trata propriamente de uma crença, mas de uma constatação de como era a previdência no passado, em que as pessoas eram altamente dependentes da ajuda familiar, passando por grande mudança posteriormente. Passados menos de três séculos, fatores derivados da transição demográfica, do baixo crescimento das economias e das transformações no mercado de trabalho poderão nos trazer de volta a um passado em que os mais velhos só poderão se manter com a ajuda dos mais novos, porque os proventos

---

[4] Diz respeito a Heráclito Efésio, filósofo grego, para quem nunca se consegue pisar duas vezes no mesmo rio, pois águas estão continuamente fluindo à frente.

das aposentadorias serão cada vez mais reduzidos. É o que passamos a tratar neste item.

No excelente livro *Sapiens: Uma Breve História da Humanidade*, Yuval Noah Harari (2016, p.366-372), no capítulo, "O colapso da família e da comunidade", assim se expressa:

> Antes da Revolução Industrial, a vida cotidiana da maioria dos humanos seguia seu curso no interior destas três estruturas antigas: a família nuclear, a família estendida e a comunidade íntima local.[5] A maioria das pessoas trabalhava em negócios familiares – a fazenda ou a oficina da família, por exemplo – ou então trabalhava nos negócios familiares de vizinhos. A família também era o sistema de bem-estar social, o sistema de saúde, o sistema educacional, a indústria de construção, o sindicato, **o fundo de pensão** (destaque nosso), a empresa de seguros, o rádio, a televisão, o jornal, o banco e até mesmo a polícia. Quando uma pessoa ficava doente, a família cuidava dela. Quando uma pessoa envelhecia, a família a sustentava, e seus filhos eram seu **fundo de pensão** (destaque nosso). Quando uma pessoa morria, a família cuidava dos órfãos.

Depois de afirmar que a vida no seio familiar estava longe de ser o ideal, porque as comunidades podiam oprimir seus membros mais do que o Estado e mercados de hoje, prossegue dizendo textualmente:

> Uma pessoa que perdesse a família e a comunidade por volta de 1750 estava morta. Não tinha emprego, nem educação, nem apoio em época de doença e sofrimento. Ninguém lhe emprestaria dinheiro ou a defenderia se ela se visse em maus lençóis. Não havia policiais, assistentes sociais, nem educação compulsória. Para sobreviver, tal pessoa teria de encontrar rapidamente uma família alternativa. Meninos e meninas que fugiam de casa podiam, na melhor das hipóteses, se tornar servos de uma nova família.

---

[5] "Uma comunidade íntima" é um grupo de pessoas que se conhecem bem e dependem uma das outras para a sobrevivência.

Tudo mudou nos dois últimos séculos. A Revolução Industrial deu aos mercados poderes gigantescos e proveu o Estado de meios capazes de atender às necessidades dos cidadãos. "Tornem-se indivíduos", eles disseram. "Nós, o estado e o mercado, tomamos conta de vocês. Nós lhe daremos, abrigo, educação, saúde, bem-estar e emprego. Nós lhe daremos **pensões** (**destaque nosso**), seguros e proteção." (Harari, 2016, p.370)

Contudo, nem tudo ocorreu como o prometido. Muitos problemas surgiram posteriormente em todos os sentidos. Nem sempre o ente público forneceu um serviço adequado ao cidadão. Segundo Harari, os indivíduos são explorados pelos mercados, e os Estados empregam seus exércitos, forças policiais e burocracias para perseguir os indivíduos em vez de defendê-los.

Quando o Estado e os mercados destituíram a família da maioria de seus papéis políticos e econômicos, deixaram algumas funções emocionais importantes. Por isso, ainda se espera que a família moderna atenda às necessidades íntimas que o governo e o mercado (até agora) foram incapazes de atender.

Em suma, cada vez mais ao governo e aos mercados couberam funções que antes pertenciam às famílias e às comunidades locais, como expresso no início do texto. A previdência social, objeto deste capítulo, passou a ser atendida pelo Estado e pelo mercado, conforme será visto a seguir. Mas não é de graça. E não sendo de graça, exige contribuição e **equilíbrio financeiro e atuarial** para que ela seja sustentável e não transfira a toda a sociedade um encargo que deve caber aos seus beneficiários.

Destacou-se **o equilíbrio financeiro e atuarial**, porque será o grande problema do futuro: a transição demográfica está aumentando o número de idosos na sociedade, ao mesmo tempo em que reduz o número daqueles em idade ativa, aumentando cada vez mais a dependência de idosos.

O número de idosos sobre o total da população passará de 7,3% em 2010 para 17,4% em 2040 e para 25,5% em 2060 (Gráfico 3.1).

A população envelhece por dois motivos, pela redução do número dos que estão em idade ativa (envelhecimento pela base) e pelo aumento do número de idosos (envelhecimento pelo topo).

O Gráfico 3.2 traz a razão de dependência de idosos, que é a relação do número de idosos, com 65 anos ou mais anos e o número de pessoas em idade ativa, de 15 a 64 anos.[6] Essa razão começa com 10,8%, atingindo 26,5% em 2040 e 42,6% em 2060.

Isso pode ser demonstrado também pelo inverso dessa relação, o que quer dizer que em 2010 havia 9,3 ativos para cada inativo, reduzindo para 3,8 em 2040 e apenas 2,3 em 2060. Serão muito poucas pessoas para trabalhar em relação às que estarão inativas. Isso será um problema muito sério, indicando que cada vez mais vamos depender de tecnologia, inserção de máquinas e equipamentos e pessoas habilitadas para manejar esses instrumentos. O grande problema é que o

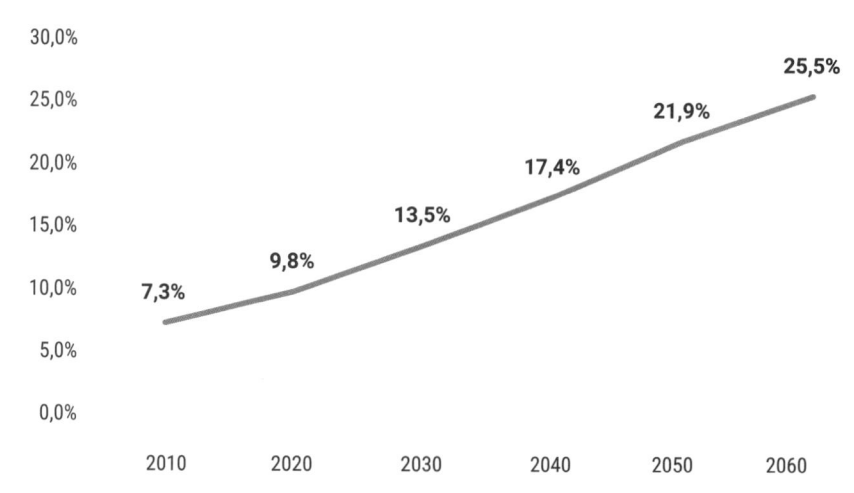

GRÁFICO 3.1 | População com 65 ou mais anos em % do total, 2010-2060.
Fonte: IBGE – Projeções 2018 da população por sexo e idade, 2000-2060.

[6] Dependência de idosos para 65+ anos = pop.65+/pop.15-64. O inverso dessa dependência é mais ilustrativo = pop.15-64/pop. 65+. Esta indica o número de pessoas em idade ativa para cada pessoa em idade de aposentadoria.

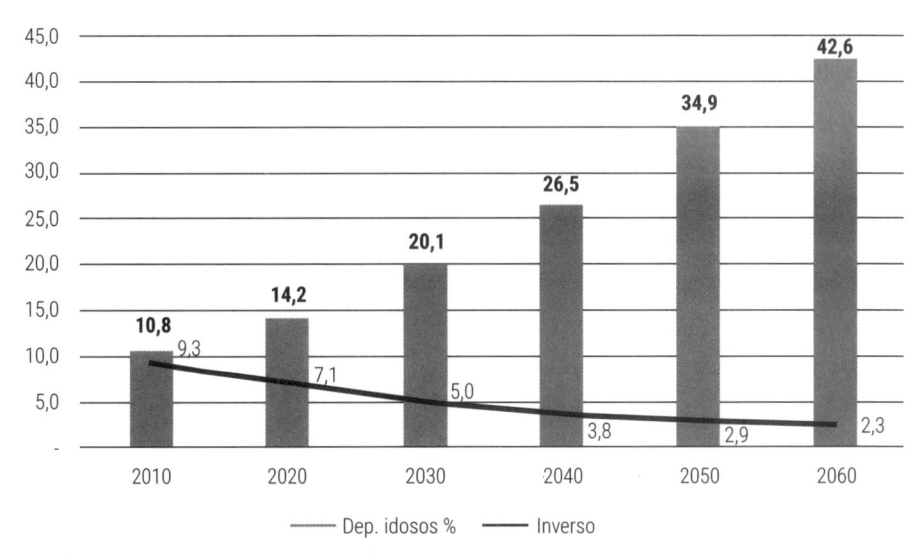

```
45,0 ┬─────────────────────────────────── 42,6
40,0 ┤                              34,9
35,0 ┤
30,0 ┤                    26,5
25,0 ┤
20,0 ┤         20,1
15,0 ┤   14,2
10,0 ┤ 10,8
      9,3
 5,0 ┤     7,1
              5,0
               3,8   2,9   2,3
     2010 2020 2030 2040 2050 2060
```

───── Dep. idosos %   ───── Inverso

GRÁFICO 3.2 | Grau de dependência de idosos e dependência invertida.
Fonte: IBGE – Projeção da população por sexo e idade, 2000-2060.

Brasil vai ficar velho antes de ficar rico, ao contrário do que aconteceu com os países desenvolvidos.

Além de tudo, o Congresso costumeiramente concede isenções sem preocupar com a situação previdenciária, altamente deficitária.

3.1. POR QUE DIZEM QUE NÃO HÁ DÉFICIT DA PREVIDÊNCIA

Há muitos anos é dito por sindicatos, por outras entidades como o DIEESE, ou por auditores-fiscais da Receita Federal, que não há déficit na Previdência, sob a alegação de que não são incluídas na sua receita as contribuições previstas no art. 194 da Constituição Federal. Também consideram que outros encargos previdenciários relativos aos servidores públicos federais não poderiam ser cobertos por recursos da Seguridade Social.

As contribuições citadas são as seguintes:

- Contribuição para o Financiamento da Seguridade Social (COFINS).

- Contribuição Provisória sobre Movimentação ou Transmissão de Valores e de Créditos e Direitos de Natureza Financeira (CPMF).
- Contribuição Social sobre o Lucro Líquido (CSLL).
- Contribuição para os Programas de Integração Social e de Formação do Patrimônio do Servidor Público (PIS/PASEP).
- Concursos de prognósticos; entre outras.

Essas contribuições foram criadas para financiar a Seguridade Social, composta por Previdência, Assistência Social e Saúde, indiscriminadamente, a qualquer uma das áreas. Somente a CPMF teve um pouco mais de ¼ destinado para a Previdência, mas essa contribuição vigeu até 31/12/2007.

Diante disso, quando se fala em receita da Previdência, tem que se considerar somente a **contribuição previdenciária**, incidente na sua maioria sobre a folha de pagamentos, paga parte pelos empregados e parte pelos empregadores, a contribuição patronal. A Seguridade Social é tratada no capítulo seguinte. Esta introdução poderia estar lá, mas foi colocada na parte da Previdência para esclarecer melhor a confusão que existe entre os dois assuntos.

3.2. DÉFICIT DO REGIME GERAL DA PREVIDÊNCIA SOCIAL (INSS)

O Ministro da Previdência, Carlos Lupi, em entrevista à CNN, em 03/01/2023, disse não haver déficit na Previdência, prometendo rever a última reforma, que considera uma contrarreforma. E dando sequência ao assunto, o Ministro Luiz Marinho, do Trabalho e Emprego, em 07/03/2023, no Portal 360, repetiu a afirmação ao dizer também que não há déficit na Previdência. Ora, os dois já foram ministros de Estado em gestões anteriores. Por isso, deveriam conhecer bem o problema, porque lidaram com ele quotidianamente.

José Ortega Y Gasset, em *A Rebelião das Massas*, p.27, disse: "Os problemas humanos não são abstratos, como os astronômicos e os químicos. São problemas de máxima concreção, porque são históricos. E o único método de pensamento que proporciona alguma probabilidade de acerto em seu tratamento é a *razão histórica*"

Baseados nessa razão histórica é que, para analisarmos o fenômeno, construímos a Tabela 3.1, que apresenta as receitas, os benefícios e os resultados primários do Regime Geral (INSS), desde 2012 (12 anos e 11 intervalos anuais), onde se vê que o déficit previdenciário cresceu 294,2% no período, numa taxa de 13,3% ao ano. As receitas cresceram a uma taxa de 1,1%; e a despesa mais do que o triplo, 3,7% ao ano, tudo em termos reais.

Recentemente, no ano de 2023, houve uma grande melhora na arrecadação líquida do RGPS, na ordem de 5,8% reais, mas os benefícios cresceram 7,9%, portanto mais um desempenho muito melhor do que o comportamento citado do período 2012-2023, mas isso pode

TABELA 3.1 | Receita, despesa e resultado primário do Regime Geral (INSS)
Em milhões constantes pelo IPCA

Ano	Receita	Benefícios	Resultado primário	Relativo resultado
2012	524.732	602.415	−77.683	100,0
2013	550.305	639.631	−89.326	115,0
2014	568.700	664.238	−95.538	123,0
2015	541.334	673.963	−132.629	170,7
2016	509.007	721.818	−212.811	273,9
2017	514.921	765.591	−250.670	322,7
2018	518.449	777.151	−258.702	333,0
2019	528.091	800.458	−272.367	350,6
2020	501.063	821.839	−320.776	412,9
2021	528.345	811.052	−282.708	363,9
2022	560.318	833.587	−273.268	351,8
2023	592.667	898.873	−306.206	394,2
Variação	12,9%	49,2%	294,2%	294,2%
Taxa	1,1%	3,7%	13,3%	

Fonte: Resultado Primário do Governo Central, tabela 2.1/STN.

ter sido um efeito passageiro, conjuntural, de redução da taxa de desocupação, redução essa que nada garante que vai continuar, porque o PIB, com grande crescimento no primeiro semestre de 2023, estagnou no segundo, quando apresentou crescimento nulo.

A Tabela 3.2 mostra o resultado das dependências urbana e rural, com um déficit anual com crescimento de 12,8% e 3,3%, respectivamente. O déficit da dependência rural em 2023 foi de R$ 177,2 bilhões, contra R$ 129,0 bilhões para a urbana. A grande causa do déficit rural está no fato de a arrecadação ser apenas 7% da despesa, enquanto a urbana é de 90%.

As principais causas desse descompasso entre crescimento da receita e da despesa são as seguintes:

TABELA 3.2 | Resultado previdenciário do Regime Geral por dependência
Em milhões constantes pela IPCA

Ano	Urbana	Rural	Total	Rural/total
2012	46.709	−124.392	−77.683	160%
2013	43.613	−132.939	−89.326	149%
2014	42.689	−138.226	−95.538	145%
2015	7.946	−140.575	−132.629	106%
2016	−65.867	−146.944	−212.811	69%
2017	−98.523	−152.148	−250.670	61%
2018	−107.867	−150.835	−258.702	58%
2019	−116.883	−155.484	−272.367	57%
2020	−164.639	−156.137	−320.776	49%
2021	−128.194	−154.514	−282.708	55%
2022	−112.005	−161.264	−273.268	59%
2023	−129.014	−177.192	−306.206	58%
Variação	276,2%	42,4%	294,2%	
Taxa	12,8%	3,3%	13,3%	

Fonte: Secretaria da Previdência/Receita Federal/Resultado do RGPS.
Nota: Razão arrecadação/benefícios: Média urbana= 90% e rural = 7%.

Principais causas do baixo crescimento da receita previdenciária

A revista *Conjuntura Econômica* de fevereiro de 2019 (p.26/30) traz um estudo muito interessante sob a denominação "Previdência sem providência", de autoria dos economistas José Francisco Afonso e Juliana Damasceno de Souza. Nele, os autores fazem diversas considerações sobre o que chamam de radical transformação estrutural das relações de trabalho, das quais selecionamos uma que entendemos ser a mais representativa do problema; assim:

Em 1998, a participação dos que recebiam até 3 pisos previdenciários quadruplicou, de 21% para 82,10%, em 2017. Os que recebiam entre 3 e 10 pisos, que participavam com 47,50%, reduziram-se para 1/3, ou seja, 15,4%. Por outro lado, os que recebiam acima de 10 pisos, que eram 31,8% em 1998, caíram mais de 13 vezes, para apenas 2,4%. Isso tem enorme efeito na arrecadação da **contribuição previdenciária** (Gráfico 3.3). Além disso, a transição demográfica nos indica grande envelhecimento populacional.

O mesmo texto traz uma comparação dos países com maiores encargos trabalhistas, contendo numa nota (n.º 8) um estudo da OCDE

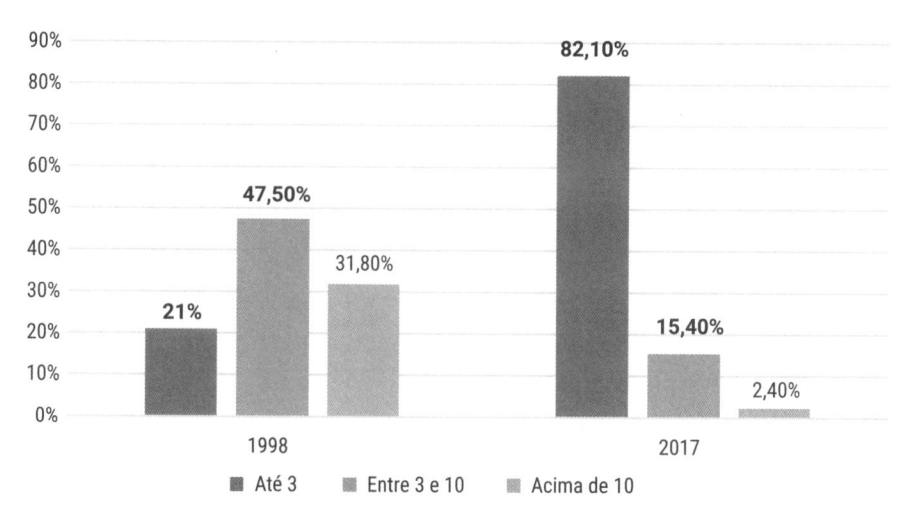

GRÁFICO 3.3 | Contribuintes empregados por faixa de valor (em pisos previdenciários, 1998 e 2017).
Fonte: José Roberto Afonso e Juliana Damasceno de Souza.
Revista *Conjuntura Econômica*, fevereiro, 2019, p.26/30.

em que compara a tributação sobre salários na América Latina e no Caribe (LAC), sendo o Brasil o segundo maior no peso dos encargos (32,2%), apenas abaixo da Argentina (34,6%). E a situação da nossa vizinha Argentina não precisa descrevê-la. Talvez não seja por isso, mas isso tem sua contribuição para a situação em que se encontra nossa vizinha. A média da região LAC é de 21,7%.

Isso gera a fuga dos salários maiores, que se transformam em PJ, trabalho sem carteira assinada, trabalho por conta própria, assim como remunerações indiretas, de modo a fugir da contribuição previdenciária. O Brasil tem hoje mais trabalhadores independentes do que com carteira assinada.

Conforme já referido, em 2023, houve **grande crescimento da contribuição previdenciária**, que teve como uma das causas a queda da taxa de desocupação, de 7,9% em dezembro de 2022 para 7,4%, em dezembro de 2023, **mas não é um comportamento consistente no longo prazo, pelas razões citadas**. Além disso, o sistema de repartição sob o qual o INSS atua, ao mesmo tempo em que aumenta a arrecadação presente, cria passivo atuarial para o futuro.

Grande passivo está sendo formado pelo MEI – **Microempreendedor Individual**, com baixa contribuição do segurado, sem contribuição patronal e sem reserva para o futuro, o que é próprio do sistema de repartição. O assunto é tratado em item próprio.

Causas do crescimento da despesa

O número de beneficiários do INSS cresce em torno de 3%, e influem em 50% da despesa com benefícios. Como o salário-mínimo passou a receber aumentos reais pelo crescimento do PIB, a tendência no longo prazo é de grande crescimento da despesa previdenciária e com assistência social, através do LOAS/RMV, entre outros benefícios vinculados à citada remuneração mínima. Este item passou de 0,613% do PIB em 2012 para 0,852% do PIB em 2023, numa variação real de 3% acima do PIB. Se fizermos o cálculo até 2022, sem os efeitos dos precatórios, baixa para 2,5% do PIB, assim mesmo muito alto.

Recentemente foi editada a Lei n.º 14.663, de 20/8/2023, que tornou permanentes os reajustes reais do **salário-mínimo** pelo crescimento do PIB de dois anos antes.

Sobre a influência do salário-mínimo no aumento da despesa, Fabio Giambiagi, no livro *Tudo sobre Déficit Público*, assim se pronuncia: "No total dos benefícios, 63% vão para quem ganha até um SM, o que corresponde a pouco mais de 40% do total da despesa (Tabela 7.4). Esta é uma informação importante, porque significa que 1% de aumento real do salário-mínimo representa 0,41% de aumento na despesa do INSS, fato que se soma ao aumento físico dos benefícios. Isso é especialmente relevante quando se lembra a velocidade com que aumenta o número de idosos no Brasil, o baixo crescimento da economia e o fato de que o INSS já representa um gasto de mais de 9% do PIB."

Os dados do autor são de dezembro de 2019. Passados quase quatro anos, observa-se que em setembro de 2023, comparado com igual período do ano anterior, o crescimento do número de beneficiários do INSS foi, em média, 3,1%, e o número dos que recebem um salário-mínimo passou para 66,2% e o valor de 41% no total da despesa para 47,7%. Isso decorreu da combinação entre crescimento vegetativo do número de beneficiários e o aumento real do salário-mínimo.

Some-se a isso o abono salarial, o seguro-desemprego, o seguro-defeso, entre outros, com alta participação do salário-mínimo. O salário-mínimo pode, então, influir em até 50% ou mais na despesa do INSS. Com isso, cada R$ 1,00 de aumento real do salário-mínimo corresponde a 0,50 de aumento na despesa do INSS. Com um aumento real de 2,5%, temos um acréscimo na despesa do INSS de 1,25. Os beneficiários, aumentando 3%, o aumento dos que ganham o salário mínimo de 1,5. Assim sendo, o reflexo na despesa do INSS será de 2,75% (1,25%+1,5%). O reflexo na despesa primária do País ficará em torno de 1,4%.

É verdade que o aumento do salário-mínimo só é concedido na ocorrência de aumento do PIB. Mas como esse aumento é dois anos antes, pode estar ocorrendo um reajuste num momento de crescimento muito menor e que as condições não sejam adequadas para tal. Ademais, a despesa aumentará 1,4%, restando 1,1 ponto percentual para atingir o limite estabelecido pelo arcabouço fiscal, de 2,5%. Além do INSS há as vinculações da receita e os reajustes do funcionalismo, que estão com os salários defasados e, independente disso, estão sempre reivindicando mais benefícios.

À primeira vista parece uma maldade ser contra o aumento real do salário-mínimo. Gostaríamos que fosse possível conceder esses reajustes indefinidamente, mas a economia não suporta, diante da quantidade de beneficiados e, principalmente, pelo não crescimento da produtividade da economia. Poderão perguntar pelos altos salários existentes na função pública. Sim, é outro problema, mas, como vemos adiante, apesar da injustiça que envolve essas diferenças de remuneração, a evolução no tempo da despesa desta última categoria é muito menor do que a dos primeiros. E por ser um número muito menor de beneficiados, ao mesmo tempo em que caracteriza e acentua a injustiça, reduz sua participação na despesa pública.

As demais causas do crescimento do Regime Geral e dos outros Regimes são tratadas adiante.

3.3. REGIME PRÓPRIO DA PREVIDÊNCIA DA UNIÃO (RPPS)

A Tabela 3.3 apresenta o resultado previdenciário dos servidores federais, civis e militares, cujo déficit em 2023 foi de R$ 104,4 bilhões, com uma queda de 4,7% reais desde o início do período, em 2012.

Conforme veremos adiante, o déficit é muito menor do que o do Regime Geral (INSS). No entanto, o regime dos servidores públicos abarca 1,17 milhão de segurados, enquanto o Regime Geral alcança 31,5 milhões. Os dados são de 2021, mas a razão entre os números não é muito diferente de um ano para outro.

Frase atribuída a Lao-Tsé diz que "as palavras verdadeiras não são agradáveis e as agradáveis não são verdadeiras".

TABELA 3.3 | Resultado previdenciário do RPPS federal (civis e militares)
Em R$ milhões constantes pelo IPCA

Anos	Contribuição servidores	Contribuição patronal	Receitas totais	Despesas	Resultado RPPS
2012	21.896	25.645	47.542	157.070	−109.529
2013	22.113	25.810	47.924	160.242	−112.319
2014	22.344	26.991	49.335	162.144	−112.809
2015	22.530	27.154	49.684	161.753	−112.069
2016	21.848	25.943	47.791	157.444	−109.653
2017	23.514	27.494	51.008	169.644	−118.636
2018	21.284	26.125	47.409	167.073	−119.664
2019	21.070	24.744	45.814	173.646	−127.832
2020	29.533	27.517	57.051	172.649	−115.598
2021	29.911	26.186	56.097	163.303	−107.206
2022	27.069	23.389	50.458	153.418	−102.960
2023	26.270	22.027	48.297	152.698	−104.401
Var. totais	20,0%	−14,1%	1,6%	−2,8%	−4,7%

Fonte: Demonstrativo das receitas e despesas do RPPS/RREOs.

Isso é o que sentimos ao analisarmos a Tabela 3.4, que apresenta a comparação entre o Regime Geral e o Regime Próprio dos servidores federais (RPPS), sua evolução de 2012 a 2023, onde se verifica que o primeiro cresceu 294,2% reais no período, com taxa anual de 13,3%, enquanto o RPPS **decresceu** 0,4% em todo o período. Acresce a isso que, enquanto a previdência dos servidores federais é mais ou menos constante ou declinante em relação ao PIB, a do Regime Geral (INSS) é crescente. Há uma injustiça escancarada nesses números, mas finanças e justiça nem sempre caminham juntas.

O Gráfico 3.4 mostra a evolução em relação ao PIB até 2023. O regime dos servidores militares está tratado em item próprio, adiante.

A causa principal dessa diferenciação de remunerações é a **reduzida produtividade da economia brasileira** e que acaba se acentuan-

TABELA 3.4 | Resultado previdenciário por regime: Geral e RPPS
Em R$ milhões constantes pelo IPCA

Ano	Regime geral	RPPS União	Total	Em % do PIB		
				Geral	RPPS	Total
2012	−77.683	−109.529	−187.211	−0,8%	−1,2%	−2,0%
2013	−89.326	−112.319	−201.644	−0,9%	−1,2%	−2,1%
2014	−95.538	−112.809	−208.347	−1,0%	−1,2%	−2,1%
2015	−132.629	−112.069	−244.698	−1,4%	−1,2%	−2,6%
2016	−212.811	−109.653	−322.464	−2,4%	−1,2%	−3,6%
2017	−250.670	−118.636	−369.306	−2,8%	−1,3%	−4,1%
2018	−258.702	−119.664	−378.367	−2,8%	−1,3%	−4,1%
2019	−272.367	−127.832	−400.200	−2,9%	−1,4%	−4,2%
2020	−320.776	−115.598	−436.374	−3,5%	−1,3%	−4,7%
2021	−282.708	−107.206	−389.914	−2,9%	−1,1%	−4,0%
2022	−273.268	−102.960	−376.228	−2,6%	−1,0%	−3,6%
2023	−306.206	−104.401	−410.607	−2,8%	−1,0%	−3,8%
Variação	294,2%	−4,7%	119,3%			
Taxa	13,3%	−0,4%	7,4%			

Fonte: Resultado Primário do Governo Central, tabela 2.1/STN e RREO, 6.º bimestre dos períodos pertinentes.

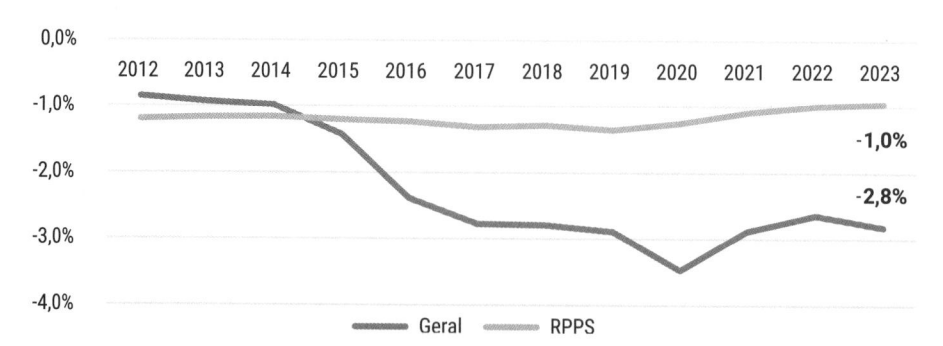

GRÁFICO 3.4 | Resultado previdenciário por Regime Geral e RPPS.
Em % do PIB.
Fonte: Dados brutos: Resultado Primário do Governo Central, tabela 2.1/STN. e RREO, 6.º bimestre dos períodos pertinentes.

do quando os mais capacitados vão para a função pública à procura de uma melhor remuneração, estabilidade no emprego e uma aposentadoria melhor.

A diferença de tratamento entre os regimes já foi modificada, mas tem longa transição até se tornar obrigatória a adoção do teto do Regime Geral, deixando o excedente a cargo da aposentadoria complementar, política essa indispensável à saúde das finanças públicas.

Complementando o citado no parágrafo anterior, a Emenda Constitucional n.º 103/2019 é que estabeleceu de forma taxativa a observância das aposentadorias pelo **limite máximo dos benefícios do Regime Geral**, determinando à União, aos Estados, Municípios e ao Distrito Federal a criação de **previdência complementar com contribuição definida** (§§ 14.º,15.º e 16.º, do art. 40 da CF),[7] para os novos servidores, permitindo a opção para os existentes antes da mudança. No entanto, isso terá uma lenta transição, mas, no seu final, representará grande queda dos gastos previdenciários. A transição decorre do direito adquirido à integralidade e paridade para os que ingressaram até 31/12/2003.

Essa mudança já vinha sendo feita, mas não de forma taxativa, como ocorreu com a Lei n.º 12.618/2012, que acabou com a aposentadoria integral na União a partir de 2013, assim como outras iniciativas de entes federados que, depois de longo período de debates e convencimentos, acabaram sendo aprovadas.

As mudanças introduzidas pela Emenda 103/2019 só puderam ser aprovadas mediante **longa transição**, como a das idades mínimas de 65 e 62 anos, respectivamente, para homem e mulher. Além disso, a **emenda deixou de fora Estados e Municípios**, que sempre fizeram parte das reformas federais nessa área, pelo medo que tiveram e têm os parlamentares de perderem votos por ocasião da eleição vindoura, fato esse que está criando grande problema ao equilíbrio geral do sistema. Foi sua maior falha. Há Estados que seguiram na íntegra, como

---

[7] No benefício definido, o servidor vai se aposentar pelo que os cálculos decorrentes da lei determinarem no final de seu período laboral. Na contribuição definida, o que estiver acumulado na sua conta bancária vinculada.

o Estado do RS, que ainda aumentou a contribuição, de acordo com a tabela, que vai até 22% na faixa, inclusive para policiais militares.

Além disso, segundo os autores citados, "entre 2003 e 2015 é possível contabilizar pelo menos dez mudanças legislativas que impactaram negativamente no equilíbrio financeiro do regime" Em nota de rodapé de seu texto, citam todas as leis em questão.

A edição de Lei n.º 13.183/2015, que fragilizou o fator previdenciário, também impactou negativamente na despesa da previdência. Outro aspecto é o excesso de **judicialização**, que, segundo os autores citados, tiveram um crescimento de 17,5% ao ano, enquanto as concessões normais cresceram em média 2,85% entre 2001 e 2020. A propósito, segundo Boletim do Tesouro Nacional, o total de pagamentos de sentença judiciais decorrente de benefícios previdenciários, rurais e urbanos, e benefícios de prestação continuada (BPC/LOAS), alcançou R$ 60,1 bilhões em 2023, depois de ter alcançado R$ 30,1 bilhões em 2012.

Duas medidas importantes que ocorreram após a Emenda 41/2003 foi a Lei n.º 12.618/2020, que estabeleceu o fim da aposentadoria integral no serviço público dos que ingressarem a partir de 2004, já citada; e a Lei n.º 13.135/2015, que alterou os critérios de concessão das pensões, tornando-os mais rígidos.

Destacam também o grande crescimento dos BPC – Benefícios de Prestação Continuada (LOAS), diante das mudanças, com favorecimentos nos critérios de concessão. Além desses, há outros benefícios que tornam a previdência e assistência social brasileiras uma das mais concessivas do mundo.

Não nos detivemos nos detalhes dos assuntos, nem abordamos todos os fatores que influíram no aumento da despesa previdenciária, porque existem autores especializados, com muito melhores condições para isso, como os autores citados, além de fugir um pouco aos objetivos deste livro.

Abordamos o Regime Geral, a previdência dos servidores públicos, mas merece destaque especial a previdência dos militares, tratada adiante.

3.4. OS ALTOS DÉFICITS DOS REGIMES PREVIDENCIÁRIOS

A Tabela 3.5 apresenta os déficits dos regimes previdenciários da União, dos Estados e dos Municípios, tendo como fonte o Capítulo 10 do livro *Políticas Públicas que Empobrecem o Brasil,* cujos autores e demais especificações estão no pé da Tabela em causa, a seguir.

Por ela se constata que o déficit previdenciário total do Brasil era nas datas citadas mais de ½ trilhão de reais ou 7% do PIB, decorrente da diferença de uma despesa de R$ 1,115 trilhões (15% do PIB) e uma receita de R$ 591 bilhões (7,9% do PIB). A maior despesa é a do RGPS – INSS (8,9% do PIB) e 60% da despesa total. Já o déficit do INSS é 3,5% do PIB ou 50% do déficit total.

Os Estados perfizeram um déficit de R$ 110 bilhões, ou 1,5% do PIB, em 2019, entre servidores civis e militares, conforme Tabela 3.5. Comparando-se com a receita corrente líquida das transferências aos Municípios e ao Fundeb, obtida em levantamento junto ao SICONFI, corresponde a 15,1% da RCL.

3.4.1. A previdência dos militares: gasto alto e desproposital

Os militares ativos são divididos em dois grupos: os de carreira e os temporários, que são incorporados para prestar serviço obrigatório ou voluntário. Estes últimos não têm vinculação previdenciária e apenas instituem benefícios previdenciários no caso de invalidez ou morte durante o exercício.

Em razão disso, comparamos a **razão da soma dos inativos e pensionistas com os servidores ativos de carreira**. A Tabela 3.6 mostra o número de militares nas diversas situações nela especificadas e a razão citada, que é altíssima, média de 2,57, sendo a do Exército 3,47. Este índice está inflado pelo número de **filhas solteiras**, que, segundo os mesmos autores adiante citados, correspondem a 59% das quantidades e 46% dos gastos com pensões militares.

Na razão do grande déficit na previdência dos militares estão os seguintes fatos:

TABELA 3.5 | Receita, despesa e resultado – Regimes previdenciários e BPC
R$ bilhões e em % do PIB 2020 (União) e 2019 (Estados e Municípios)

	União				Estados		Municípios	
	RGPS	RPPS	SPSMFA	BPC	RPPS	SPSM*	RPPS	Total
Receita	404,77	52,19	6,65	–	62,17	14,53	50,62	**590,94**
PIB %	5,4%	0,7%	0,1%	–	0,8%	0,2%	0,7%	**7,9%**
Despesa	663,9	90,97	54,44	62,67	141,4	45,2	56,93	**1.115,50**
PIB %	8,90%	1,20%	0,70%	0,80%	1,90%	0,60%	0,80%	**15,0%**
Resultado	-259,13	-38,78	-47,79	-62,67	-79,22	-30,67	-6,31	**-524,56**
PIB %	-3,50%	-0,50%	-0,60%	-0,80%	-1,10%	-0,40%	-0,10%	**-7,0%**

Fonte: Vizioli, Tais e Costanzi, Rogério Nagamine. Cap.10 – Livro *Políticas Públicas que Empobrecem o Brasil*, organ. por Marcos Mendes e Marcos Lisboa.
(*) Sistema de Proteção Social dos Militares.

TABELA 3.6 | Militares ativos permanentes, ativos temporários, inativos e pensionistas, em 2021

Força	Ativos de carreira (AC)	Ativos temporários	Total	Razões (I+P)/AC*
Marinha do Brasil	64.441	14.842	79.283	**1,77**
Exército Brasileiro	58.053	164.935	222.988	**3,47**
Força Aérea Brasileira	31.594	34.473	66.067	**2,56**
Total	**154.088**	**214.250**	**368.338**	**2,57**
	Inativos (I)	Pensionistas (P)	Total (I+P)	
Marinha do Brasil	50.372	63.756	114.128	
Exército Brasileiro	73.775	127.392	201.167	
Força Aérea Brasileira	40.786	40.185	80.971	
Total	**164.933**	**231.333**	**396.266**	
TOTAL GERAL	319.021	445.583	764.604	

Fonte: Anexo do PLDO – Relatório da Avaliação Atuarial do RPPS da União, disponível em: https://tinyurl.com/y423pswu.

Aposentam-se cedo, podendo ser inferior a 50 anos de idade. No entanto, o tempo de serviço, que era de 30 anos, passou para 35 anos com a reforma de 2019.

Porém, enquanto as outras categorias (exceto para quem ingressou antes de 2003) se aposentam pela média de 100% do período de 1994 para cá ou da data do ingresso, se posterior, os militares mantêm a aposentadoria pela integralidade de remuneração do momento da aposentadoria.

A contribuição previdenciária para as pensões foi alterada de 7,5% para 10,5% e mantida contribuição extraordinária de 1,5% para aqueles militares que **ingressaram no serviço antes de 2001** e queiram manter o direito à **pensão das filhas solteiras**, que passaram a pagar 3% a partir de 2020.

Aqui reside um dos maiores absurdos, porque as filhas solteiras, dependendo da data de nascimento, podem **adentrar o século 22** recebendo pensão do erário.

Os pensionistas que não pagavam, passaram a pagar 9,5% a partir de 2020 e 10,5% a partir de 2021. Isso foi uma pequena melhora fiscal.

Os militares são isentos da contribuição previdenciária, enquanto os servidores civis podem chegar a 22%, na última faixa, e os trabalhadores empregados de 7,5% a 14%.

A rigor, como a contribuição destes últimos contempla o direito às pensões, havendo uma contribuição sobre elas por parte dos militares, dá para dizer que eles têm contribuição previdenciária, embora bem menor que os demais.

Segundo Bernardo Schettini e Thais Vizioli, capítulo 12 do livro *Políticas Públicas que Empobrecem o Brasil*, podemos dizer que há muitos favorecimentos aos militares quanto à idade mínima para a aposentadoria sem contribuição (embora tenha para as pensões), integralidade nos proventos e uma grande quantidade de filhas solteiras e outras vantagens que fazem com que eles gerem um déficit previdenciário muito maior que os demais regimes, conforme abordado adiante. Informam ainda que o crescimento da despesa com militares federais entre 2008 e 2020 foi de 39,1%, período em que os servidores civis federais foi de 20,6% e o do PIB, 10,3%.

O PIB deveria ser o limite de aumento de qualquer despesa. Não ocorrendo isso, estamos formando déficits que, cedo ou tarde, se manifestarão.

Segundo os autores citados, a **reestruturação das carreiras** mais do que compensou as medidas da reforma favoráveis ao erário, convergindo para um efeito líquido de cerca de R$ 6 bilhões a mais na despesa.

A Tabela 3.7 mostra a dimensão do déficit dos servidores militares, 23,2% maior que o déficit dos civis, que já é alto. O mais impressionante é que os servidores militares ativos de carreira, sendo apenas 23,2% dos servidores ativos civis, seus aposentados são 34,9% e os pensionistas, 76,4%. Tudo isso em decorrência das medidas permissivas de seus quadros, com destaque para as pensões das filhas solteiras, ficando em 51,1% quando aposentados e pensionistas são somados.

TABELA 3.7 | Número de servidores civis e militares da União, em 2021, e déficits do RPPS e do SPSMFA (2020)

Servidores	Civis	Militares de carreira	Militares/civis
Ativos	662.793	154.088	**23,2%**
Aposentados	471.946	164.933	**34,9%**
Pensionistas	302.936	231.333	**76,4%**
Aposentados + pensionistas	774.882	396.266	**51,1%**
Total	**1.437.675**	**550.354**	**38,3%**
Déficit (R$ bilhões)	**-38,78**	**-47,79**	**123,2%**

Fonte: PLDO Avaliação RPPS da União e Idem Regime dos Militares da União.
Déficits: Fonte citada na Tabela 2.2.

A Tabela 3.7.1 mostra que em 2021 havia 1.437.675 funcionários civis e 550.354 militares de carreira, numa razão inativos e pensionistas com ativos de 1,43, sendo 1,17 para os civis e 2,57 para os militares de carreira. O total geral dos serviços federais em 2021 era de 1.988.029.

TABELA 3.7.1 | Servidores civis e militares de carreira, ativos, inativos e pensionistas, em 2021

Descrição	Civis	Militares de carreira	Total
Inativos	471.946	164.933	636.879
Pensionistas	302.936	231.333	534.269
Total	**774.882**	**396.266**	**1.171.148**
Ativos	662.793	154.088	816.881
Total	1.437.675	550.354	1.988.029
(AP+PENS)/Ativos	1,17	2,57	1,43

Fonte: Anexo do PLDO – Relatório da Avaliação Atuarial do Regime Próprio de Previdência Social RPPS da União, disponível em: https://tinyurl.com/y423pswu.

3.4.2. MEI: a herança negativa transferida às futuras gerações

O MEI é outro exemplo de como não deve ser um regime previdenciário concebido sem se preocupar com o déficit financeiro e atuarial da previdência, mesmo depois da edição das Emendas Constitucionais 20/1998 e 41/2003, que introduziram modificações no artigo 201 da Constituição Federal (e art. 40 quando se trata dos servidores públicos), assim expresso:

> Art. 201 – A previdência social será organizada sob a forma de regime geral, de caráter contributivo e de filiação obrigatória, observados **critérios que preservem o equilíbrio financeiro e atuarial (destacamos)**...

O MEI foi criado pela Lei Complementar n.º 128, de dezembro de 2008, com funcionamento a partir de 2009. Foi concebido para atender o trabalhador de baixa renda, o que não está sendo obedecido na prática, conforme adiante tratado.

A contribuição inicial era 11% do salário-mínimo, tendo posteriormente sido reduzida para 5% (MP n.º 529, de 07/04/2011, e Lei n.º 12.470/2011), aumentando o desequilíbrio financeiro e atuarial, que já era grande.

A argumentação que de qualquer forma seria pago o mesmo valor nos benefícios de prestação continuada – BPC, como LOAS e RMV, não é bem assim. O BPC é pago para pessoas com renda familiar *per capita* inferior a ¼ do salário-mínimo. Além disso, o BPC não dá direito ao 13.º salário, pensão por morte, auxílio por incapacidade temporária (auxílio-doença), salário-maternidade e outras vantagens temporárias. Mesmo que o MEI tenha contribuição previdenciária, mesmo sendo muito reduzida, a aposentadoria ainda ocorre mais cedo – no caso da mulher é aos 62 anos – enquanto no BPC é aos 65 anos.

Os participantes do MEI, recolhendo apenas 5% (não existe contribuição patronal), usufruem dos mesmos benefícios de quem paga 27,5% (patronal de 20% mais 7,5% da contribuição do segurado). Esse é mais um exemplo das contradições que regem o sistema previdenciário brasileiro.

Mesmo sendo pagamento de apenas uma salário-mínimo, o MEI trata de um benefício que veio no contrafluxo das mudanças que vêm sendo feitas, além de ser inconstitucional, conforme citado no início deste item.

Não faltará quem diga que esse fato é o mínimo em relação ao servidor público, que recebe um valor muito maior com aposentadoria integral. Conforme já tratado em itens anteriores, a aposentadoria integral e a paridade com os servidores ativos foi abolida pelas últimas reformas, permanecendo com esse direito somente os que ingressaram até 31/12/2003. É um longo período de transição, mas foi estabelecido para respeitar o direito adquirido.[8] Os que ingressaram após serão aposentados pela média, tendo como limite o teto do INSS, com direito à aposentadoria complementar, a partir de 2015. Na aposentadoria complementar a contribuição do setor público é bem menor,

---

[8] Por mais que seja criticado, o direito adquirido é uma segurança para o cidadão e para a "própria sociedade, em muitos casos, embora envolva em outros casos "privilégios adquiridos, mas quem vai arbitrar o que é e o que não é privilégio? Além disso trata-se de um instituto antigo, porque vem de longe, instituído que foi nas 'Ordenações Manoelinas', do Rei D. Manoel, de Portugal, em 1521." Caldeira, Jorge – *História da Riqueza no Brasil*, p.38-40.

7,5%, como também a do servidor. O valor das aposentadorias segue o sistema da contribuição definida – em vez do benefício definido – e continua valendo para os valores acima do limite do teto do INSS.

Desequilíbrio financeiro e atuarial

A Tabela 3.8 apresenta o fluxo financeiro para o homem e para a mulher, com um salário-mínimo de R$ 1.320,00 a uma alíquota de 5%, durante 20 e 15 anos de contribuição, respectivamente, para o homem e para a mulher. Apresenta também o valor recebido durante o período de sobrevida de cada um. Durante o período de atividade foram consideradas 12 contribuições mensais e 13 durante o período de aposentadoria.

Em todo o período do fluxo financeiro, as contribuições feitas pelo homem cobrem apenas 5,3% do valor das aposentadorias. Para a mulher, a cobertura é de apenas 3%.

Em **termos atuariais**, o montante de contribuições formado pelo homem sobre o valor total das aposentadorias será de 8,2% e 7%, respectivamente, com taxa de desconto de 5% e 3%. Já para a mulher, com essas taxas de desconto, o citado montante será de 5,3% e 4,3%, respectivamente. Isso quer dizer que a diferença do valor presente das contribuições e dos benefícios futuros descontados às taxas de 5% e 3% chegam aos valores apurados levemente maiores que a diferença dos fluxos anuais (cálculos em poder do autor).

TABELA 3.8 | Contribuição e aposentadoria do MEI, nas condições estabelecidas

Salário-mínimo:	1.320,00		Período de contribuição	
Alíquota	5%		Homem	20
Contribuição em meses	12		Mulher	15
Benefício em meses	13			

Sexo	Idade aposent.	Expectativa sobrevida	Contribuição no período	Rendimento da aposentadoria	Contribuição/ aposentadoria
Homem	65	17,4	15.840,00	298.584,00	5,3%
Mulher	62	23,1	11.880,00	396.396,00	3,0%

Fonte: IBGE – Tábuas de Mortalidade. Cálculos próprios.

Deve ser considerado que no regime de repartição, como é o do INSS, deve ser levado em consideração a razão **contribuinte/beneficiário**, que, com uma contribuição do segurado, em média de 10%, mais a patronal de 20%, tem-se 30%. Então o equilíbrio estaria acima da razão 3, talvez 4, por 1. No entanto, essa razão no INSS estava em setembro de 2023 em 1,51, a metade.[9]

Os Estados Unidos, a maior economia do mundo, mantém um sistema de repartição como o do Brasil, só que contém reservas. O problema é que essas reservas se acabarão em 2033, ocasião em que as aposentadorias deverão ser reduzidas em 25%. Os problemas demográficos são semelhantes aos brasileiros. A idade mínima para receber o benefício foi elevada de 65 para 67 anos. A nossa é de 65 para homens e 62 para as mulheres. Mas, o pior é que a nossa razão ativo/inativo é de 1,51 e a deles é de 2,7, e vem caindo. Além de tudo, temos grande contingente de beneficiários, cuja contribuição é mínima ou quase zero (artigo publicado no *Estadão* de 6/3/2024, de autoria de Fábio Alves).

No caso do MEI, como vemos adiante, é muito pior e a alternativa para o equilíbrio – aumento do número de contribuintes – é tudo o que não pode acorrer, porque aumentaria ainda mais o desequilíbrio atuarial.

A Tabela 3.9, construída a partir dos dados retirados do texto e das Tabelas 1 a 3 de Constanzi, Rogério e Sidone et.al. permite fazer as seguintes conclusões, usando também o auxílio do mesmo texto.

- O número de inscritos no MEI em 2020 era de 11,3 milhões, partindo de 44,2 mil em 2009.
- A inadimplência é enorme, tanto que em 2019, para 9,4 milhões de inscritos, havia 5,4 milhões com pelo menos uma contribuição anual, ou 57,5%.

---

[9] Calculado com dados do BEPS de 09/2023, em que os contribuintes, em número de 54.995 mil P.1), e os beneficiários, na ordem de 36.356 mil, em (p.14), devem conter alguns itens que não são aposentadorias nem pensões. Com esses dados, a razão contribuinte/beneficiário é de 1,51. Deve ser um pouco maior, mas muito baixa também.

TABELA 3.9 | Evolução do número de inscritos no MEI e contribuintes com pelo menos uma contribuição ao ano

Anos	Estoque MEIs inscritos dez. cada ano	Variação anual de MEIs inscritos	Contribuintes com pelo menos uma contribuição no ano			Participação do MEI no total da arrecadação do RGPS - %
			RGPS	MEI	%	
2009	44.188		55.877.835	41.922	0,08%	0,06
2010	771.715	727.527	60.197.924	557.540	0,93%	0,12
2011	1.656.953	885.238	64.109.870	995.289	1,55%	0,14
2012	2.665.605	1.008.652	67.246.063	1.532.131	2,28%	0,20
2013	3.659.781	994.176	69.837.123	2.161.113	3,09%	0,26
2014	4.653.080	993.299	71.399.903	2.854.889	4,00%	0,33
2015	5.680.614	1.027.534	69.635.082	3.395.337	4,88%	0,39
2016	6.649.896	969.282	66.652.055	3.469.500	5,21%	0,46
2017	7.738.590	1.088.694	65.232.942	3.931.352	6,03%	0,55
2018*	7.739.452	862*	68.374.819	4.590.257	6,71%	0,63
2019	9.430.438	1.690.986	69.481.633	5.429.304	7,81%	0,78
2020	11.316.853	1.886.415	n.d.	n.d.		

Fonte: Constanzi, Rogério Nagazini e Sidone, Otávio Jose Guerci – Avaliação da Política Previdenciária: o Caso do Microempreendedor Individual (MEI).
Livro: *Políticas Públicas que Empobrecem o Brasil*, Capítulo 11, Tabelas 1-3.

- A participação na arrecadação do RGPS (INSS) é reduzida e desproporcional, porque em 2019, para 7,81% de contribuintes com pelo menos uma contribuição mensal a participação na arrecadação do INSS era de apenas 0,78%.

Projeção dos déficits orçamentários e atuarial

Os autores citados realizaram estimativa tomando como base os trabalhadores com pelo menos uma contribuição com MEI em 2018, na faixa de 18 a 64 anos para homens e de 18 a 62 anos para mulheres.

Com base nos gráficos constantes do trabalho, fizemos um resumo que apresentamos nas Tabelas 3.10 e 3.11.

A Tabela 3.10 mostra os fluxos de receita, despesa e resultado previdenciário ao longo do período. A tabela citada fala por si, mostrando que o déficit chega a R$ 729 bilhões em 40 anos e a R$ 1.068 bilhões em 75 anos. O déficit atuarial, calculado a uma taxa de 3% ao ano, chegou a R$ 435,7 bilhões.

TABELA 3.10 | Projeções dos resultados do MEI – R$ bilhões

Anos	Receita	Despesa	Resultado
10 anos	25	64	-39,0
20 anos	43	229,8	-186,8
30 anos	52,8	489,8	-437,0
40 anos	55,4	784,2	-728,8
75 anos	55,5	1.123,2	-1.067,7
Atuarial	**39,9**	**475,6**	**-435,7**

Fonte: *Políticas Públicas que Empobrecem o Brasil* – Autores citados Brasil, Capítulo 11, Gráfico 4.

O mais grave, ainda, é quando se considera **aumento real do salário-mínimo**, que atualmente varia de acordo com o PIB, cujo crescimento médio no longo prazo pode ser considerado em torno de 2%. Pois, com base nessa taxa, o déficit atuarial de R$ 435,7 bilhões alcança R$ 781 bilhões, com 79% de acréscimo (Tabela 3.11).

TABELA 3.11 | Projeções dos resultados dos MEIs, considerando o reflexo de aumento real do salário-mínimo

Taxas*	20 anos	40 anos	Atuarial
0%	-186,8	-728,8	-435,7
0,5%	-200,0	-829,0	-501,0
1%	-214,0	-945,0	-579,0
2%	-244,0	-1232,0	-781,0
Variação	**31%**	**69%**	**79%**

Fonte: *Políticas Públicas que Empobrecem o Brasil* – Autores citados, Capítulo 11, Gráfico 5. Cálculos: do autor.
(*) Taxas de aumento do salário-mínimo.

Focalização e migração

Os autores citados citam análise de Constanzi e Ansiliero (2017), que mostram, considerando a renda familiar *per capita*, que cerca de 65% dos MEIs estavam entre os 30% mais ricos e em torno de 84% deles estavam entre os 50% mais ricos, entre outras várias considerações. Segundo os autores acima citados, parcela relevante dos novos inscritos no MEI não eram trabalhadores informais se formalizando, **mas sim trabalhadores já formalizados e contribuintes da Previdência Social que migraram para o MEI**.

Isso é tudo que não se deseja, a troca da uma contribuição de 27,5% (do segurado mais a patronal) para uma de 5%, o que cada vez mais aumenta o rombo do INSS.

3.5. PAGUEI POR TANTO TEMPO E RECEBO UMA MISÉRIA

> "Aquele que não conhece a verdade é simplesmente um ignorante, mas aquele que a conhece e diz que é mentira, este é um criminoso."
>
> *Bertolt Brecht*

As pessoas, de um modo geral, queixam-se porque pagaram durante muito tempo para a previdência e recebem muito pouco.

Isso tem origem numa confusão feita a partir da comparação com o servidor público, que recebe a integralidade da remuneração como aposentadoria e mantém paridade com os servidores ativos na aposentadoria, quando dos reajustes periódicos e, ainda, até 1998 não pagava contribuição, exceto para as pensões. A Emenda Constitucional n.º 20, de 16/12/1998, foi quem deu um caráter contributivo e atuarial à previdência pública, estabelecendo a contribuição obrigatória.

Já os que ingressaram a partir de 01/01/2004, pela Emenda Constitucional n.º 41, de 19/12/2003, publicada em 31/12/2003, passaram a se aposentar-se pela média das contribuições, calculada em 80%

do período contributivo, mantendo o direito adquirido, com a integralidade da remuneração e paridade com os ativos os que ingressaram antes da mudança;

Já a Emenda Constitucional n.º 103/2019 estendeu a média a todo o período contributivo de 1994 para cá e o limite até o teto do INSS, o que era facultativo antes, desde que criada a **previdência complementar**, que passou a ser obrigatória, para as parcelas excedentes.

A União já tinha implantado a previdência complementar a partir de 2013, em datas variadas por Poder, como fizeram muitos Estados, entre eles o RS, com a LC 14.750, de 15/10/2015, efetivando em 19/08/2016.

Na **previdência complementar**, a contribuição é bem menor, tanto a do servidor, como a do governo, e as aposentadorias serão concedidas com base na contribuição definida e não mais no benefício definido, ou seja, o servidor levará o que existir na conta, que é personalizada. O fato de as contribuições serem personalizadas as deixa invioláveis às possíveis tentações do Poder Executivo.

Em resumo, o servidor público ficou sujeito às mesmas regras e aos mesmos benefícios do trabalhador do setor privado, exceto quanto à aposentadoria complementar, que é um benefício que somente algumas empresas e organizações privadas mantêm. O servidor público também, quando receber um salário de valor baixo na ativa, receberá sua aposentadoria também com valor baixo.

As aposentadorias baixas refletem os baixos salários pagos para a maioria, tanto na Administração Pública (com algumas exceções, com altas remunerações) como no setor privado. Isso, por sua vez, reflete o baixo crescimento, quase nulo, da produtividade em nosso País. Além disso, as aposentadorias pagas pelo INSS e as contribuições que lhe dão suporte estão limitadas a um teto de 10 vezes o valor referência criado para esse fim, no valor de R$ 7.087,22, em 2023.

Na realidade, as aposentadorias no **regime de repartição simples**, que é o predominante no Brasil, que é o regime financeiro do INSS, os trabalhadores do presente pagam as aposentadorias dos trabalhadores do passado, que hoje estão aposentados. Como vimos em capítulo anterior, são necessários mais de três trabalhando para pagar um aposentado, considerando iguais salários e proventos da aposentadoria.

Na Tabela 3.12 consta uma simulação de dois contribuintes, um homem e uma mulher, trabalhando o número de anos necessários para se aposentarem com 100% da média das contribuições: 40 e 35 anos, respectivamente.

Numa contribuição de 30% (10% do servidor e uma patronal de 20%) multiplicada por 40 anos de contribuição forma 12 anos de contribuição. Aos 65 anos, que é a idade mínima para a aposentadoria, o homem tem uma expectativa de sobrevida de 17,2 anos. Como formou 12 anos de contribuição, isso representou 70% do valor da aposentadoria, se ele viver os anos da expectativa de vida. E receberá 100% da média de todo o período contributivo.

Usando o mesmo raciocínio para a mulher, que necessita 35 anos de contribuição e tem uma expectativa de sobrevida muito maior (23 anos), ela forma apenas 46% do valor da aposentadoria que perceberá, 100% da média durante os 23 anos citados (Tabela 3.13).

Convém esclarecer que o direito à aposentadoria se verifica aos 20 anos de contribuição ao homem (15 anos para os que ingressaram antes da EC 103/2019) e 15 para a mulher. No entanto, para formar uma aposentadoria de 100% da média do período contributivo necessita os anos de contribuição citados na Tabela 3.13.

TABELA 3.13 | Número de anos de contribuição necessários para adquirir 100% da média das contribuições

Especificação	Alíquota média*	Anos de contribuição	Anos de contrib. formados	Idade aposent.	Sobrevida	Razão
	1	2	(3 =1*2)	4	5	5/3
Homem	30%	40	12	65	17,2	70%
Mulher	30%	35	10,5	62	23	46%

Fonte: Tábuas de Mortalidade IBGE e Emenda Constitucional 103/2019. Cálculos próprios.
(*) Empregado: 10%. Patronal: 20%.

Com base na Tabela 3.14, sobre contribuição previdenciária, dá para firmar uma convicção de que 10% deve corresponder a uma alíquota média de contribuição efetiva, devendo ser até um pouco menor.

TABELA 3.14 | Alíquotas de contribuição estabelecidas pela Emenda 103/2019

Faixa salarial	Alíquotas efetivas	Alíquotas progressivas	Abrangência
Até 1 salário mínimo *	7,50%	7,50%	RGPS e RPPS
De R$ 998,01 a R$ 2.000	7,5% a 8,25%	9,00%	
De R$ 2.001 a R$ 3.000	8,25 a 9,5%	12,00%	
DE R$ 3.001 R$ 5.839,45	9,5% a 11,68%	14,00%	
De R$ 5.839,46 a R$ 10.000	11,68% a 12,86%	14,50%	RPPS
De R$ 10.001 a R$ 20.000	12,68% a 14,68%	16,50%	
De R$ 20.000,01 a R$ 39.000	14,68% a 16,79%	19,00%	
Acima de R$ 39.000 (*)	Superior a 16,79%	22,00%	

Fonte: Emenda Constitucional n.º 103/2019. (*) Aposentados: alíquota zero.

3.5.1. Contribuição dos aposentados e pensionistas

A Emenda n.º 41/2003, publicada em 31/12/2003, criou a contribuição dos aposentados e pensionistas, modificando o art. 40 da Constituição Federal, que no inciso 18 estabeleceu que essa incidência é para os valores que superem o limite do Regime Geral, ou seja, o INSS, atualmente em **7.087,22**. A Emenda Constitucional n.º 103/2019 estabeleceu que, enquanto houver déficit atuarial, a contribuição ordinária dos servidores, aposentados e pensionistas poderá incidir sobre o valor dos proventos de aposentadoria e pensões que **superem um salário-mínimo, em 2023 em R$ 1.320,00**.

Isso é uma medida que restitui um pouco ao setor público os dispêndios adicionais com as vantagens da integralidade e paridade que os servidores que ingressaram antes de 31/12/2003 mantêm.

Tendo em vista uma aposentadoria integral e, ainda, sem praticamente ter contribuído para tal, é plenamente justificável o pagamento da contribuição previdenciária pelo aposentado, o que não seria, se tivesse havido pagamento de contribuição durante toda a vida laboral.

3.5.2. A grande perda dos segurados foi no passado

Essa impressão de os benefícios receberem uma miséria de aposentadoria, além da comparação com o setor público, ocorre também em decorrência da grande perda que houve para os servidores no passado.

No passado ocorreu uma grande perda daqueles que contribuíam sobre o limite máximo do INSS, o que não ocorre mais. Isso, no entanto, nada garante que no futuro não venham ocorrer perdas generalizadas, não só das maiores remunerações. Vejamos, sinteticamente, o que ocorreu no decorrer do tempo.

A Lei n.º 5.890, de 08/06/1973, estabeleceu como limite máximo de contribuição 20 maiores salários-mínimos (MSM)[10] vigentes no País. Em maio de 1984, caiu para 20 salários-mínimos (SM). Posteriormente, passou para salários-mínimos referência.

Em 30/06/1989, foi extinto o salário-mínimo referência, passando o **limite do INSS (teto de contribuição e de benefício)** a ser fixado em cruzados novos, sendo NCz$ 1.500,00, equivalentes na época a 10 salários-mínimos. E aí está **a grande perda dos segurados** que contribuíram durante anos sobre 20 maiores salários-mínimos. Daí em diante, o limite de contribuição do INSS passou a ser reajustado pelo INPC e o salário-mínimo a receber aumentos reais, deixando de ser referência para as aposentadorias que recebem acima desse mínimo.

Aqui reside a crença errada de que os segurados perdem a cada ano, quando, na realidade, a grande perda foi a ocorrida no passado. Atualmente, eles perdem no relativo, porque o salário-mínimo recebeu em muitas oportunidades aumentos reais e passaram a receber novamente, e seus proventos, se superiores a um salário mínimo, recebem a inflação, medida pelo INPC. Portanto, não há perda, a menos que o índice de inflação não reflita a realidade. O que há é ganho real do salário-

---

[10] Na época existiam salários-mínimos diferentes por regiões, o que foi extinto posteriormente.

-mínimo, já que não há mais vinculação. Isso é como olhar para cima numa noite parcialmente nublada. Ao vermos as nuvens se movimentando, parece que elas estão paradas, e são as estrelas que se movimentam. O mesmo ocorre numa estrada, quando parece que as árvores e outros sinais fixos estão em movimento, quando é o carro que se desloca.

3.6. NÃO TENDO PARA QUEM DEIXAR, ARRUMEI UM DEPENDENTE

> Porque todo mundo quer viver à custa do governo, o governo acaba vivendo à custa de todo mundo.
>
> *Max Weber*

Outro mito diz respeito à crença de que o possuidor de um determinado benefício da Previdência Social, sob a alegação de "**não ter para quem deixar**", realiza um casamento ou união estável, muitas vezes formal, com uma cuidadora ou com uma pessoa amiga, com a inconfessada intenção de, na sua falta, deixar a pensão derivada de sua aposentadoria.

Isso decorre da ignorância das pessoas quanto aos regimes previdenciários, na sua quase totalidade em **repartição simples**. Se for no INSS, sempre será nessa modalidade, a menos que venha a mudar. Como vimos, no capítulo próprio, o INSS apresenta enormes déficits orçamentários.

Se for um regime de capitalização, vai depender se é com **benefício definido ou contribuição definida**, que, no caso, é personalizada. No benefício definido, o poder público é obrigado a complementar o valor da aposentadoria, de acordo com o que dispuser a lei.

No caso de **repartição simples** (ou mesmo na capitalização em benefício definido), uma pessoa ao morrer, o direito que tinha de receber, se viva fosse, simplesmente cessa, porque os recursos são usados para pagamento dos segurados remanescentes. É a **solidariedade entre as gerações**, o que caracteriza o regime de repartição simples. Há uma compensação, porque às vezes o segurado morre antes do tempo previsto da expectativa de vida, outras vezes morre muito depois, caso em que não necessita complementar contribuição por isso.

A historinha a seguir é por demais conhecida na literatura previdenciária, mas nunca é demais repeti-la. Todos nós sabemos que a vida é finita, mas esquecemos, muitas vezes, de sua duração indefinida.

A francesa Jeanne Calment, em 1960, com 90 anos e sem condições para se manter, acertou com um advogado o pagamento de uma pequena quantia mensal, para, quando ela morresse, ele ficasse dono de seu apartamento, para onde ele poderia se mudar. Como ela já tinha 90 anos, talvez o advogado tenha pesado que a morte dela ocorreria em seguida. Mas Da. Jeanne chegou aos 100 anos, comemorou o 110.º aniversário ainda recebendo a mesada do advogado, ocasião em que ele estava com 67 anos. Em 1995, quem morreu foi o advogado, enquanto Da. Jeanne continuou a viver, até 122 anos, excedendo na ocasião 45 anos a idade do advogado.

Isso prova que o tempo de vida de uma pessoa é imprevisível, mas quando tomamos um grupo grande de pessoas ou coisas, os resultados são regulares. É a lei dos grandes números, que também tem seus desvios. Quem participa de um sistema amparado na solidariedade entre as gerações tem que ter consciência disso.

Já na capitalização com contribuição definida, como é o caso da previdência complementar, o montante das contribuições acumuladas pode o *de cujus* deixar para quem lhe aprouver. Mas, somente neste caso.

A Lei Federal n.º 13.135, de 17/06/2015, corrigiu em grande parte essas distorções, porque as pensões eram concedidas sem nenhuma restrição quanto ao período decorrido do casamento ou da união estável e quanto à idade do beneficiário. Uma pessoa com 30 anos, por exemplo, podia receber uma pensão por 50 anos ou mais, depois de alguns anos gozados pelo beneficiário da aposentadoria até seu falecimento. Se a aposentadoria foi adquirida com 20 anos de contribuição, nesse período ela foi formada com 6 anos fechados de contribuição (30% x 20 anos = 6 anos).

A citada Lei n.º 13.135/2015 estabeleceu que a perda da qualidade de beneficiário, no caso do cônjuge ou companheira, se dá pelo decurso dos períodos abaixo, depois de vertidas 18 contribuições mensais, pelo menos, em dois anos, após o início do casamento, ou união estável, nas seguintes condições:

1. 3 (três) anos, com menos de 21 (vinte e um) anos de idade;
2. 6 (seis) anos, entre 21 (vinte e um) e 26 (vinte e seis) anos de idade;
3. 10 (dez) anos, entre 27 (vinte e sete) e 29 (vinte e nove) anos de idade;
4. 15 (quinze) anos, entre 30 (trinta) e 40 (quarenta) anos de idade;
5. 20 (vinte) anos, entre 41 (quarenta e um) e 43 (quarenta e três) anos de idade;
6. vitalícia com 44 (quarenta e quatro), ou mais anos de idade.

Essa lei veio dificultar os casos de pessoas que em idade avançada se casavam ou faziam união estável com cônjuge de pouca idade, com a inconfessada intenção de lhe propiciar uma pensão para o resto da vida. O governo do Estado do RS adotou os mesmos dispositivos da lei federal, pela Lei Estadual n.º 15.142/2018.

A EC n.º 103/2019 estabeleceu como valor da pensão 50% do benefício do servidor falecido, ou da média salarial deste (todo o período desde 1994) mais 10% por dependente. Não se pode acumular, exceto até dois salários-mínimos, para os novos casos.

3.7. REFORMA DA PREVIDÊNCIA NOS ESTADOS E MUNICÍPIOS

Não encontrando fonte oficial, tomamos uma matéria do jornal *Valor Econômico* de 23/12/2023, cuja fonte primária informada é o Ministério da Previdência. Segundo essa matéria, a maioria dos Estados fez a reforma da previdência completa. Deixaram de fazer as unidades federativas: DF, PE, RR, AM, AP, MA e TO, em número de 7, sendo pouco mais de 25% das unidades.

A matéria traz também uma informação importante sobre a Previdência Complementar, cujas informações estão especificadas na Tabela 3.15. Por exemplo, 25 Estados, 18 capitais e 683 Municípios instituíram o regime complementar e está vigente. Instituíram, mas não vigem, dois Estados, 6 capitais e 1.211 Municípios. Restam um Estado, duas capitais e 197 Municípios, que não instituíram a Previdência Complementar.

TABELA 3.15 | Previdência Complementar
Maioria dos regimes próprios, porém, ainda não está em vigor

Descrição	Estados e Munic.	Capitais (*)	Demais Municípios	Total dos entes
Instituído e vigente	24	19	683	726
Instituído, mas não vigente	2	6	1.211	1219
Não instituído	1	2	197	200
Total	27	27	2091	2145

Fonte: Ministério da Previdência/*Apud Valor Econômico*, 23/12/2023.
(*) Inclui Brasília.

3.7.1. O Estado do RS fez a reforma completa

A Reforma no Estado do RS seguiu a Lei Complementar n.º 103/2019 em quase todos os aspectos, assim:

Alterou a idade mínima para de 55 para 62 anos, mulher; e de 60 para 65 anos, homem. Os professores seguiram a mesma lógica, só que com cinco anos a menos, 57 e 60 anos, respectivamente.

Alterou as alíquotas de contribuição que, de forma progressiva, podem atingir 22%, inclusive para servidores militares, o que não ocorreu em nível federal.

Manteve as contribuições para aposentados, só que em vez de começar a incidência no teto do Regime Geral, baixou para um salário-mínimo. Isso causou grande descontentamento aos servidores, que estavam muitos anos sem reajuste.

Os militares continuaram sem o limite da idade mínima, passando o tempo de serviço de 30 para 35 anos, manutenção da integralidade e paridade na aposentadoria, o que constitui o maior erro da reforma. O mesmo foi estendido a policiais civis e agentes penitenciários que ingressaram até 2015, quando para os demais servidores civis é até 31/12/2003. Estes se aposentam com 30 anos de serviço, sendo 25 anos em atividade policial, com idade mínima de 55 anos.

As pensões foram alteradas para se adaptarem à Lei Federal n.º 13.125/2015, pela Lei Estadual n.º 15.142/2018.

A previdência complementar foi instituída pela Lei n.º 14.750/2015, em contribuição definida.

O efeito da reforma é **gradativo devido à transição, que será concluída totalmente em 2033, havendo casos de 2027, 2028, 2031 e 2033**, conforme seja a aposentadoria por idade, por tempo de contribuição ou por pontos, para homens e mulheres (Giambiagi et al. *Textos para Discussão*, 2024).

Mas, além da Reforma Previdenciária, foi feita a Reforma Administrativa, com a eliminação de anuênios, triênios, quinquênios e adicionais de 15% e 25% sobre a folha de pagamento.

Foi alterado o plano de carreira do magistério, que era de 1974, cujos multiplicadores chegavam a 4,5, incluindo os triênios de 5%, sendo substituído por outro, que alcança no máximo 1,8, mas dificilmente é ultrapassado 1,4 ou 1,5, porque agora não há mais os acréscimos por tempo de serviço. O valor inicial do nível 1 equivale ao piso nacional do magistério, como referência. Haveria muito o que dizer sobre o assunto, mas foge ao objetivo deste livro.

Redução do déficit previdenciário

Mesmo considerando o efeito gradativo das mudanças, houve as seguintes modificações nas variáveis que envolvem o assunto:

- A receita, exceto a contribuição patronal, que crescera 3,8% ao ano entre 2004 e 2018, passou a crescer 7,8% nos anos 2019 a 2022, cumulativo.

- A contribuição patronal passou de 1,7% ao ano para 13% nos períodos citados.
- A despesa, que crescera 5% ao ano, até 2018, passou a **decrescer 3,1%**, também nos mesmos períodos.
- O déficit, que crescera 6,4% ao ano no primeiro período, passou a **decrescer 10,9%** ao ano.
- Já o encargo do Estado, a contribuição patronal, que crescera 5,2% ao ano entre 2004 e 2018, passou a **decrescer 4,8%** no último quadriênio. Tudo está no Anexo V, no final.
- O grande problema foi a grande queda da receita corrente líquida do Estado, que **baixou de 3,4% ao ano para a metade, 1,7%, sendo −8,2 em 2022.**

Destacamos, porém, que contribuiu muito para a redução da despesa e o consequente aumento dos resultados, a enorme contenção da folha de pagamento, que ficou vários anos sem reajuste.

Sempre defendemos reformas e acreditávamos que com elas o Estado do RS sairia da crise, porque, com elas, acabava ou reduziria muito o crescimento vegetativo da folha, cujos incrementos provocados na despesa anulava os da receita, que, como citado acima, foi de 3,4% ao ano nos últimos quinze anos. Mas sobrevieram dois acontecimentos que anularam os efeitos da reforma: a redução das alíquotas de ICMS e as secas durante três anos, principalmente em 2022.

Irving Kristol, professor de Urbanismo na Universidade de Nova Iorque, em 1979, declarou estar se demitindo de sua cátedra porque "já não tenho nada a dizer. Penso que ninguém tem. "Quando um problema se torna extremamente difícil, perdemos o interesse por ele" (Capra, Fridtjof, *O Ponto de Mutação*, p.23).

O sentimento do professor citado é o sentimento que temos; deixamos de acreditar no equilíbrio fiscal do RS, porque foram feitas todas as reformas necessárias. No entanto, não perdemos o interesse por ele, porque estamos tratando do Estado onde vivemos. O que precisa fazer agora está fora do âmbito das finanças e da reforma da previdência e administrativa. Tem faltado chuva ou chovido demais. Precisamos deixar de contar só com São Pedro nessa parte.

3.7.2. Os regimes próprios municipais: uma bomba-relógio

No tocante à reforma nos Municípios, nenhum deles foi objeto de exame, Mas achamos importante colocar o texto a seguir, que é de fundamental importância para o futuro das finanças municipais.

Certa vez, conversando sobre previdência com um secretário municipal de fazenda de determinado Município, lhe sugeri passar a previdência dos funcionários para o INSS, quando ele me respondeu: "Eles não querem nem ouvir falar nisso".

Talvez isso tenha como causa a perda de poder aquisitivo dos segurados do INSS, tratada no item anterior. É claro que eles dizem isso porque não sabem da *bomba-relógio* em que pode se transformar a aposentadoria dos servidores municipais, isso porque poderá o fundo formado ao longo do tempo somente permitir o pagamento de uma importância muito inferior a que pretendiam receber. Não que o INSS seja uma garantia absoluta, mas o Governo Federal sempre terá mais condições de pagar do que a maioria dos Municípios, apesar dos enormes déficits, principalmente na Previdência e na Seguridade Social.

Entendemos, SMJ, que os prefeitos municipais não deveriam ter abandonado o INSS, porque os servidores teriam a certeza da obtenção de uma aposentadoria até o teto do Regime Geral.

Talvez, para evitar a contribuição patronal, também obrigatória no Regime Próprio, mas menos exigível no curto prazo, muitos Municípios optaram por este último, deixando de aportar os recursos necessários aos regimes por eles mesmos criados. Quando se aperceberam, a conta era muito grande e tentaram solucionar com medidas que não poderão ser cumpridas, mediante leis especiais para tal. A Tabela 3.15 traz uma relação de casos no Estado do RS, escolhidos aleatoriamente entre os demais de alta contribuição patronal.

Em decorrência, um alto comprometimento financeiro está sendo gerado nos Municípios, principalmente nos pequenos e médios, em que o desequilíbrio atuarial dos regimes próprios está fazendo com que grande parte deles esteja criando alíquotas suplementares em dimensões impossíveis de cumprir.

As alíquotas patronais normais, mais as suplementares chegam em alguns casos a superar 50% do valor da folha de pagamento. Numa amostra de vários Municípios gaúchos, que criaram alíquotas suplementares, temos uma média de alíquota patronal próxima a 38%. Essas alíquotas suplementares, em muitos casos crescentes, estendem-se a períodos que vão a 30 ou 35 anos. O fato de haver destacado os Municípios gaúchos não significa que não é um fenômeno nacional; existe em todos os Estados da federação.

Posteriormente selecionamos o mesmo número de Municípios pertencentes aos demais Estados, também aleatoriamente, entre os de contribuição patronal mais alta. A diferença que notamos é que nos demais Estados quase todos os casos destacados são de Municípios pequenos e muito pequenos. Já no RS há uma grande incidência de Municípios médios do interior do Estado (Tabelas 3.15 e 3.16).

Como não existe a menor hipótese do cumprimento dessas alíquotas, o resultado no futuro será a impossibilidade de pagamento das aposentadorias, pelo menos nas condições legais. Os regimes próprios municipais são uma enorme bomba-relógio, que, com o passar do tempo, poderá explodir.

A boa notícia é que a Emenda Constitucional n.º 103/2019, introduziu o § 22 no art. 40 da Constituição Federal, para vedar a instituição de novos regimes próprios e determinar que lei complementar federal estabeleça para os que já existem normas gerais de organização, de funcionamento e de responsabilidade em sua gestão, dispondo de vários aspectos, entre eles os requisitos para a sua extinção e consequente migração para o Regime Geral de Previdência Social.

Em tempo
A situação financeira dos regimes próprios de previdência municipais no Estado do RS é muito grave, atingindo até os Municípios médios.

3.15 | Alguns Municípios que aprovaram contribuições suplementares no Estado do RS, 2017
Em ordem decrescente de contribuição patronal

Número	Município	Ente normal	Ente suplementar	Total patronal	Segurados	Total geral
1	Carazinho - RS	22,00	44,50	66,50	11,00	77,50
2	Tapes - RS	22,00	40,75	62,75	11,00	73,75
3	Bagé - RS	19,14	32,05	51,19	11,00	62,19
4	Camaquã - RS	15,38	31,62	47,00	13,47	60,47
5	Campina das Missões - RS	12,70	34,10	46,80	12,50	59,30
6	Formigueiro - RS	12,70	33,80	46,50	11,00	57,50
7	Caibaté - RS	14,03	30,03	44,06	11,00	55,06
8	Cacequi - RS	16,79	25,23	42,02	11,00	53,02
9	Três Passos - RS	16,00	25,90	41,90	11,00	52,90
10	Lagoa Vermelha - RS	15,25	26,55	41,80	11,00	52,80
11	São Gabriel - RS	17,80	23,67	41,47	11,00	52,47
12	Restinga Seca - RS	15,98	24,50	40,48	11,00	51,48
13	Ernestina - RS	13,92	26,55	40,47	11,00	51,47
14	Torres - RS	13,65	26,55	40,20	11,00	51,20
15	Campo Bom - RS	17,20	22,42	39,62	11,00	50,62
16	Colorado - RS	15,43	24,17	39,60	11,00	50,60
17	Bossoroca - RS	14,60	24,50	39,10	11,00	50,10
18	Cacique Doble - RS	13,44	22,86	36,30	11,00	47,30
19	Cachoeira do Sul - RS	7,97	28,23	36,20	11,00	47,20
20	Dois Lajeados - RS	11,40	24,52	35,92	11,00	46,92
21	Cristal - RS	12,35	23,00	35,35	11,00	46,35
22	Encruzilhada do Sul - RS	17,62	17,59	35,21	11,39	46,60
23	Caxias do Sul - RS	16,92	18,04	34,96	18,04	53,00
24	Arroio do Meio - RS	14,02	20,00	34,02	11,00	45,02
25	Arroio do Sal - RS	14,00	19,60	33,60	11,00	44,60

(Continua)

(Continuação)

Número	Muncípio	Ente normal	Ente suplementar	Total patronal	Segurados	Total geral
26	Cambará do Sul - RS	21,76	11,40	33,16	11,00	44,16
27	Agudo - RS	16,77	16,00	32,77	11,00	43,77
28	Bento Gonçalves - RS	13,25	19,00	32,25	11,00	43,25
29	Água Santa - RS	15,45	16,00	31,45	11,00	42,45
30	Arroio dos Ratos - RS	17,73	13,26	30,99	11,00	41,99
31	Alvorada - RS	14,90	13,00	27,90	11,00	38,90
32	Boa Vista do Sul - RS	13,50	13,70	27,20	11,00	38,20
33	Balneário Pinhal - RS	21,92	5,21	27,13	11,00	38,13
34	Antônio Prado - RS	15,14	11,16	26,30	11,00	37,30
35	Arvorezinha - RS	11,00	15,00	26,00	11,00	37,00
	Média	**15,53**	**22,98**	**38,52**	**11,33**	**49,84**

Fonte: Anuário Estatístico da Previdência – Suplemento Previdência do Servidor Público, 2017.
http://sa.previdencia.gov.br/site/2018/11/aeps2017_supserpub.pdf
(ACG municípios/live)

3.16 | Alguns Municípios que aprovaram contribuições suplementares nos demais Estados, 2017
Em ordem decrescente de contribuição patronal

Número	Município	Ente normal	Ente suplementar	Total patronal	Segurados	Total geral
1	Bonito de Santa Fé - PB	20,55	45,00	65,55	11,00	76,55
2	Barbacena - MG	22,00	39,72	61,72	11,00	72,72
3	Pres. Venceslau - SP	18,50	36,35	54,85	11,00	65,85
4	Alegre - ES	17,14	36,27	53,41	11,00	64,41
5	Bela Vista Paraíso - PR	29,00	23,50	52,50	11,00	63,50
6	Diamante - PB	13,81	37,56	51,37	11,00	62,37
7	Bom Jesus - PB	17,90	32,30	50,20	11,00	61,20
8	Alexandria - RN	14,27	34,88	49,15	11,00	60,15
9	Buique - PE	13,21	34,28	47,49	13,21	60,70

(Continua)

(Continuação)

Número	Município	Ente normal	Ente suplementar	Total patronal	Segurados	Total geral
10	Içara - SC	22,00	23,95	45,95	14,00	59,95
11	Chá Preta - AL	11,64	33,78	45,42	11,00	56,42
12	Piracanuba - GO	16,05	29,05	45,10	11,00	56,10
13	Ipecaetá - BA	12,33	27,92	40,25	11,00	51,25
14	Bebedouro - SP	17,35	22,65	40,00	11,00	51,00
15	Feira de Santana - BA	18,75	20,43	39,18	12,00	51,18
16	Pilões - PB	14,14	24,65	38,79	11,00	49,79
17	Aurilândia - GO	17,63	20,63	38,26	11,00	49,26
18	Alagoinhas - PB	14,21	23,66	37,87	11,00	48,87
19	Serranópolis - GO	21,96	15,47	37,43	11,00	48,43
20	Catanduva - SP	20,68	16,32	37,00	12,00	49,00
21	Barretos - SP	11,94	25,00	36,94	11,00	47,94
22	Ubá - MG	13,36	23,45	36,81	11,00	47,81
23	Nova Aurora - PR	14,00	22,33	36,33	11,00	47,33
24	Campos Gerais - MG	15,00	20,90	35,90	11,00	46,90
25	Felisburgo - MG	17,77	18,09	35,86	11,00	46,86
26	Turmalina - SP	14,54	20,96	35,50	11,00	46,50
27	Itapeva - MG	19,00	13,50	32,50	11,00	43,50
28	Jequié - BA	14,39	17,87	32,26	11,00	43,26
29	Uberlândia - MG	22,00	9,81	31,81	11,00	42,81
30	Poço Fundo - MG	17,39	13,66	31,05	13,66	44,71
31	Alvinópolis - MG	19,75	9,80	29,55	11,00	40,55
32	Balneário Piçarras - SC	13,23	13,96	27,19	11,58	38,77
33	Conde - PB	13,82	12,23	26,05	11,00	37,05
34	Dourados - MS	11,06	13,40	24,46	11,00	35,46
35	Cerqueira César - SP	11,00	12,50	23,50	11,00	34,50
		16,61	23,60	40,21	11,30	51,50

Fonte: Anuário Estatístico da Previdência – Suplemento Previdência do Servidor Público, 2017.
http://sa.previdencia.gov.br/site/2018/11/aeps2017_supserpub.pdf

Segundo o Tribunal de Contas do Estado do RS, dos 497 Municípios, 325 têm RPPS (65%). Desses últimos, 19 não mandaram avaliação; 296 enviaram e estão com déficit atuarial (91%) e somente 10 (3%) estão equilibrados.

O **déficit atuarial** é o valor atual dos benefícios concedidos e a conceder, deduzido do valor atual das contribuições futuras, dos ativos do plano e das compensações previdenciárias. Para enfrentar esses déficits foram editadas leis que apenas os eliminam ou reduzem contabilmente, mas não apresentam consistência financeira, sendo um tipo de "me engana que eu gosto". Isso porque a quase totalidade dos Municípios não terão como cumprir essas leis, renovando-as constantemente.

Os Municípios constantes das Tabelas 3.15 e 3.16 devem estar em outra situação, certamente pior, porque os dados são de 2017, assim como outros que não constavam do Anuário Previdenciário, que atualmente estão na mesma situação. É o caso do Município de **Caçapava do Sul**, minha terra natal, que em 2024 editou a Lei n.º 4.647, de março de 2024, já em substituição a outras anteriormente editadas.

Ficou estabelecido pela lei citada como **contribuição suplementar** citada um aporte de recursos para o Quadro Geral, de R$ 9,20 milhões em 2024, variando ano a ano, até alcançar 41 milhões em 2054, quando zera o déficit atuarial. Para o quadro do magistério foi estabelecida uma contribuição suplementar que variará de 35% em 2024, até 50% em 2049. Além disso, há as contribuições normais de 14% para os servidores e de 19,99% do ente.

Como o Município apresentou um déficit orçamentário de R$ 15,9 milhões em 2023 (RREO, 6.º bimestre), vai precisar melhorar muito para o cumprimento dessas obrigações.

Destacamos, finalmente, que isso não é um problema de um ou outro Município, isoladamente, nem desse o daquele gestor. Isso são daquelas situações que se acumularam com o decorrer do tempo e inviabilizam as administrações municipais e, em consequência, refletindo-se em todo o País, porque os Municípios são as células do organismo nacional.

3.7.3. Os Municípios também estão mal no Regime Geral

Para surpresa nossa, a situação dos Municípios quanto ao Regime Geral também vai mal, e muito mal.

Pois, o *Estadão*, em matéria publicada em 30/03/2024, com participação da Confederação Nacional dos Municípios (CNM), na pessoa de seu Presidente, Paulo Ziulkoski, apresenta a dramática situação dos Municípios na área previdenciária, que devem R$ 248,6 bilhões, no âmbito do Regime Geral da Previdência Social. O mais grave que o valor total dessa dívida é seu rápido crescimento em poucos anos, passando de R$ 20,7 bilhões em 2019, para R$ 248,6 bilhões em 2023, ou seja, numa taxa anual superior a 86% (Gráfico 3.5).

Segundo a mesma matéria, os Municípios têm 7,4 milhões de funcionários, dos quais 4 milhões estão nos regimes próprios, cujo descalabro futuro já foi comentado. Os restantes 3,4 milhões estão no Regime Geral.

A contribuição patronal era de 20% antes das mudanças recentes. A CNM propõe agora 8% a partir de 2024, com acréscimos bienais de 2 pontos percentuais, até alcançar 14% em 2027, quando se estabilizaria. Segundo a CNM, o impacto para a União seria de R$ 39,9 bilhões até 2017. Para compensar, a União faria uma série de medidas, visando a reduzir benefícios.

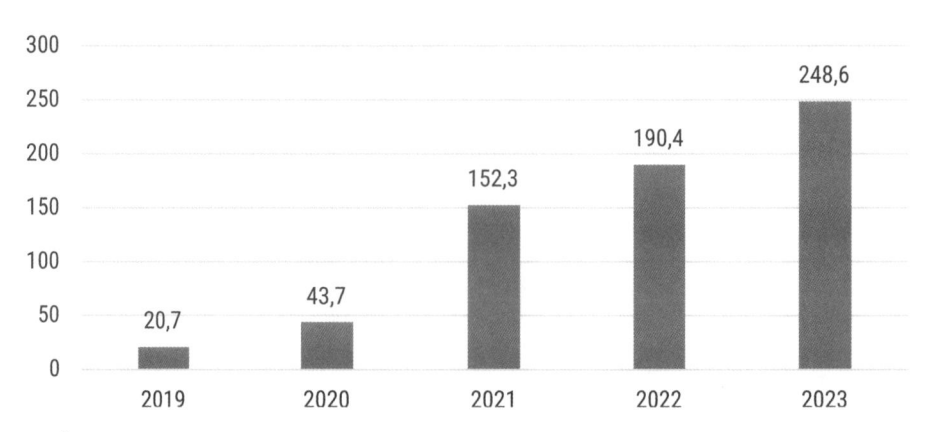

GRÁFICO 3.5 | Dívidas dos Municípios no âmbito do Regime Geral da Previdência Social
Em R$ bilhões.
Fonte: CNM/Infográfico Estadão, de 30/03/2024, p.B2.

A União precisa reduzir benefícios, mas não criando novos, se quer, de fato, eliminar seus déficits e reduzir o endividamento.

Essas crenças de que a União pode tudo é que cada vez mais enterra o País, porque encontram o amparo demagógico e inconsequente do Parlamento, que tem medo de perder o apoio do eleitor na hora do voto. O parlamentar fica numa sinuca, porque sabe que o eleitor é imediatista, até por desconhecimento da verdadeira situação da previdência.

Previdência é uma coisa séria. Se não a tratarmos com a devida seriedade, vamos voltar ao período anterior ao século 18, quando a previdência dos pais eram os próprios filhos. Mas hoje a situação está bem pior, porque a maioria dos ganhos não contemplam isso. No livro que escrevi sobre Previdência em 2009, cunhei a frase abaixo, que cada vez mais tem sentido, no meu entendimento:

"A previdência poderá representar para os futuros governos um problema de dimensão semelhante, embora de outra natureza, ao que a carência de água potável e a poluição representarão para a vida do planeta. Mas poderá contribuir para o desenvolvimento econômico se evoluir de um fator de despesa para um fator também de poupança." Esta última parte só é possível no regime de capitalização. E o problema não será só para os governos, mas para a sociedade em geral.

O outro lado da moeda é que o déficit da Previdência, Regime Geral em 2023, foi de R$ 306,2 bilhões, com um crescimento real anual de 13,3% entre 2012-2023, elevando-se para R$ 410,6 bilhões, quando se acresce do regime dos servidores públicos federais (Tabela 3.4).

REFERÊNCIAS

AFONSO – José Roberto e SOUZA – Júlia Damasceno – Revista *Conjuntura Econômica*, 2019, p.26/30.

CALDEIRA, Jorge. *História da Riqueza do Brasil*. GMT Editores. Rio de Janeiro. 2017.

CONSTANZI, Rogério Nagamine e SIDONE, José Guerci. Avaliação da Política Previdenciária: O caso do Microempreendedor Individual (MEI). Livro *Políticas Públicas que Empobrecem o Brasil*, Cap.11. Rio de Janeiro, 2022.

ESTADÃO, Matéria publicada em 30/03;2024, p.B2. sob o título "Prefeitos agora querem que desoneração da folha alcance todas as cidades.

GIAMBIAGI, Fabio e PINHEIRO, Armando Castelar. *Além da Euforia*. Rio de Janeiro, Elsevier, 2012.

GIAMBIAGI, Fabio; NAGAMINE, Rogério e SIDONE, Otávio. FGV/IBRE. A Reforma da Previdência que faltou: A Revisão das Regras da Aposentadoria Rural. *Textos para Discussão*, 26.01.2024.

GIANETTI, Eduardo. *O Valor do Amanhã*. São Paulo. Companhia das Letras, 2012.

HARARI – Yuval Noah. *Uma Pequena História da Humanidade* (1976, p.366-372).

IBGE – *Projeções 2018 da População por Sexo e Idade*, 2000-2060.

IPEA – Pesquisa estima o impacto do MEI nas contas da Previdência, 17/01/2018.

JORNAL VALOR ECONÔMICO. Matéria pulicada em 23/12/2023 sob o título "Reforma Previdenciária patina em Estados e Municípios e acende alerta".

MLODINOW, Leonard. *O Andar do Bêbado*, Cap.8. A ordem no caos.

MUNICÍPIO DE CAÇAPAVA DO SUL. Lei Municipal n.º 4.647, de 30 de março de 2024, que trata da contribuição suplementar dos servidores municipais.

SCHETINI, Bernardo e VIZIONI, Thais. Previdência dos Militares Brasileiros. Livro *Políticas Públicas que Empobrecem o Brasil*, Cap.12. Rio de Janeiro, 2022.

STN – Resultado Primário do Governo Central, Tabelas 2.1 e 2.2.

STN – RREOS – dezembro de cada ano – Resultado da Seguridade Social.

TRIBUNAL DE CONTAS DO ESTADO DO RS. *Melhores Práticas de Gestão do RPPS* – 1.ª edição 2017. Porto Alegre.

VIZIOLI, Thais e CONSTANZI, Rogério Nagamini. Previdência: Inação e Tropeços levam a Insustentabilidade e à Desigualdade. Livro *Políticas Públicas que Empobrecem o Brasil*, Cap.10. Rio de Janeiro, 2022.

CAPÍTULO 4

Seguridade social: 80% dos recursos

"Meu governo vai colocar o rico no Imposto de Renda e o pobre no orçamento da União."

Presidente Lula

"Meu caro amigo: dê ao povo tudo o que for possível. Quando lhe parece que você está dando muito, dê ainda mais. Você verá os resultados. Todos irão tentar apavorá-lo com o espectro do colapso econômico, mas tudo isso é uma mentira. Não há nada de mais elástico do que a economia."

Juan Domingo Perón, em carta a Carlos Ibáñez, então Presidente do Chile: citado acerca dos elementos culturais da economia por Roberto da Matta no seu livro Tocquevilleanas – Notícias da América. *Rio de Janeiro, Rocco, 2008. Retirado de Giambiagi, Fabio e Pinheiro, Armando Castelar, em* Além da Euforia, *p.13.*

A Seguridade Social, conforme já referido, é formada pelas áreas de Previdência Social, Assistência Social e Saúde, para o que foram criadas as contribuições descritas no capítulo anterior, da Previdência Social.

A Seguridade Social, conforme veremos adiante, compromete em torno de 80% da receita líquida do Governo Federal, devendo aumentar esse percentual, porque a despesa previdenciária tende a aumentar mais do que a receita, como vimos no capítulo anterior. E as demandas na saúde são cada vez maiores.

O Presidente mandou colocar **o rico no Imposto de Renda**, no que ele tem razão, dependendo dos critérios que adotar, mas quanto

aos pobres, eles já estão no orçamento há muito tempo e, se não estão melhor é porque seu número é muito grande diante dos recursos existentes. O problema maior é que, quando se juntam as demais despesas, a receita torna-se insuficiente. A formação de déficit é inevitável, com todos os desdobramentos resultantes, como mais endividamento e formação de juros, cuja maioria é paga com novas operações de crédito, contribuindo também para o aumento da dívida.

Diferentemente do que pensava Perón, a economia não é elástica, pelo menos, no curto prazo; ao contrário, existe uma enorme **restrição orçamentária** por parte dos governos, que, se não obedecida, as consequências são o crescimento da dívida e dos juros. É o que veremos neste capítulo.

4.1. A SEGURIDADE SOCIAL ESTÁ SE TORNANDO INSUSTENTÁVEL

Durante anos, parte das contribuições citadas foi desvinculada para financiar o Tesouro Nacional, que era e continua sendo deficitário. Isso era feito mediante emendas constitucionais, que criavam a conhecida *Desvinculação das Receitas Orçamentárias* – DRU, no começo, com outras denominações, que não cabe aqui mencionar. Por um certo período, essas DRUs serviram de argumento para aqueles que diziam não haver déficit na Previdência e na Seguridade Social.

Na realidade, o fato de o valor das DRU ser deduzido da receita da Seguridade Social, somente no começo, reduzia seus recursos, porque, com o transcorrer dos anos, passaram a ocorrer déficits altos e crescentes que eram cobertos pelo Tesouro Nacional. Com o fim das DRUs, houve apenas uma mudança contábil, porque o déficit geral permaneceu o mesmo (Tabela 4.1).

Conforme citado, sem a dedução das DRUs, já em 2010, quando começa esta análise, já ocorria um déficit de R$ 49 bilhões, déficit esse que vai a R$ 388,7 bilhões em 2019, quando elas foram extintas pela Emenda Constitucional n.º 103, de 13/11/2019. Em 2023, tal déficit alcançou R$ 428,8 bilhões, sem as DRUs, que não existem mais. Em todos os anos citados os déficits estão a preços de 2023. Em 2030, mantidas as mesmas tendências, deverá alcançar R$ 700 bilhões, num acréscimo de 63%, em termos reais, em relação a 2023. São projeções do autor.

A taxa de crescimento anual da receita no período 2010-2023 foi de 2,3% e a da despesa, 3,6%, na razão de 1,56. Em média, a cada ano, a despesa cresce 56% acima da receita. A longo prazo tende a ser maior pelas carências na Saúde e na Assistência Social (Tabela 4.1).

Sobre esse assunto, Affonso Celso Pastore, em *Erros do Passado, Soluções para o Futuro*, Capítulo 6, p.211, assim se expressou: "Desde a Constituição de 1988, que garantiu inúmeros benefícios, sem a preocupação com as fontes de recursos, os gastos primários em termos reais passaram a crescer a uma taxa média em torno de 6% ao ano, que era muito superior ao crescimento do PIB, com reflexos negativos sobre o crescimento econômico".

Foram criadas contribuições para financiar esses gastos, porém o País não pode conviver com aumento de gastos maiores que o crescimento do PIB. Para isso cita Alberto Alesina, Carlo Favero e Francesco Giavazzi, quando dizem que "os programas de austeridade baseados em aumentos de impostos são profundamente recessivos no curto e no médio prazos, mas os programas baseados no corte de gastos tem o efeito oposto. Depois de uma série de considerações importantes, dizem que "os programas baseados eu aumentos de impostos resultam no crescimento da relação dívida/PIB, enquanto os programas baseados no corte de gastos resultam em reduções significativas."

O crescimento dos gastos primários do Governo Central ocorreu sempre acima da variação do PIB, sendo o INSS o item que mais cresceu. Os primeiros passaram de 13,7%, em 1991, para 23,5%, em 2016, quando foram travados pelo teto de gastos. Depois decresceram para 22,9% em 2022, tendo voltado a crescer em 2023, para 23,8%. O INSS passou de 3,4% do PIB, em 1991, para 8,3%, em 2023.

Fábio Giambiagi, que foi um dos pioneiros a levantar esse problema e tem se ocupado muito dele, agora, recentemente, em *Política Fiscal do Brasil de 1981 a 2023: uma retrospectiva histórica*, em estudo

TABELA 4.1 | Resultado deficitário da Seguridade Social, 2010-2023
Em R$ 1.000,00 constantes

Ano	Receitas	Despesas realizadas	Resultado	DRU	Resultado sem as DRUs	Relativo sem DRU
2010	872.319	1.020.415	-148.096	99.029	-49.067	100,0
2011	943.065	1.070.864	-127.799	101.205	-26.594	54,2
2012	995.368	1.143.504	-148.135	104.293	-43.843	89,4
2013	1.050.902	1.198.996	-148.095	107.730	-40.365	82,3
2014	1.019.301	1.248.096	-228.795	100.899	-127.896	260,7
2015	998.372	1.231.089	-232.717	93.687	-139.030	283,3
2016	902.915	1.243.182	-340.267	130.705	-209.562	427,1
2017	927.681	1.309.756	-382.075	137.904	-244.171	497,6
2018	945.092	1.317.041	-371.949	145.323	-226.626	461,9
2019	958.358	1.347.103	-388.745	117.996	-270.749	551,8
2020	1.014.751	1.821.350	-806.599	247	-806.351	1.643,4
2021	1.118.649	1.448.322	-329.674	-	-329.674	671,9
2022	1.165.943	1.454.974	-289.031	-	-289.031	589,1
2023	1.179.280	1.608.081	-428.802	-	-428.802	873,9
Taxa anual	2,3%	3,6%	8,5%	-	18,1%	

Fonte: Tesouro Nacional/RREOs/ dezembro de cada ano.

que fez com Guilherme Tinoco, cita novamente esse problema, só que desta feita tratou da despesa total líquida das transferências a Estados e Municípios. Assim se referiram sobre o assunto: "Os gastos primários passaram de 11,0% do PIB em 1991 para 18,2% em 2022, atingindo um pico de 25,6% em 2020 (ano da pandemia) e um pico de 20,0% (em 2016) se considerarmos o pico de um ano típico" (p.52).

Mas antes falam do crescimento das transferências aos Municípios, que passaram de 2,5% do PIB em 1990, culminando com 4,5% em 2021 (p.51/52). Esse assunto foi objeto do capítulo 2 deste livro, onde destacamos suas disfuncionalidades em alguns casos.

4.2. RECEITAS, DESPESAS E DÉFICIT DA SEGURIDADE SOCIAL

A Tabela 4.2 mostra a composição das receitas e das despesas da Seguridade Social em 2022 e 2023. Em relação ao exercício anterior, houve grande variação, especificada no lado direito da tabela. O déficit aumentou 55,2% sobre o mesmo período. Considerando que as **sentenças judiciais** sobre itens da Seguridade (sobre pessoal, benefí-

TABELA 4.2 | Receitas e despesas da Seguridade Social em 2022 e 2023

Descrição	Em R$ milhões		Variação nominal	Partic. 2023
	2022	2023		
Receitas Seguridade Social	1.114.736	1.179.280	5,8%	100,0%
RGPS	534.274	588.955	10,2%	49,9%
RPPS civil	40.110	40.126	0,0%	3,4%
Pensionistas militares*	8.787	9.067	3,2%	0,8%
Demais (COFINS, CSLL, outras)	531.566	541.132	1,8%	45,9%
DESPESAS DA SEGURIDADE SOCIAL	1.391.073	1.608.081	15,6%	136,4%
RGPS	804.475	904.672	12,5%	76,7%
RPPS CIVIL e FCDF	97.113	102.934	6,0%	8,7%
Pensionistas militares (2)	25.708	58.797	128,7%	5,0%
Saúde	151.858	157.924	4,0%	13,4%
Assistência Social	198.324	268.322	35,3%	22,8%
Abono Salarial	24.009	25.047	4,3%	2,1%
Seguro Desemprego	42.112	47.714	13,3%	4,0%
Demais	47.475	42.672	−10,1%	3,6%
Resultado da Seguridade Social	−276.337	−428.802	55,2%	−36,4%
Precatórios sobre itens da Segur. Social (*)	30.196	60.328	99,8%	5,1%
Resultado sem os precatórios	−246.141	−368.474	49,7%	−31,2%

Fonte: STN – RREO dezembro/2023, Tabela 1-A.
(*) Benefícios previdenciários urbanos e rurais e BPC/LOAS (RTN/STF, Tabela 2.2).

cios previdenciários e sociais) aumentaram de R$ 30,2 bilhões para R$ 60,3 bilhões, ocorreu, então, um acréscimo de R$ 30,2 bilhões, que, deduzidos do resultado final, gerou um déficit de cerca de 50% maior, o que continua sendo muito alto (Tabela 4.2).

O maior gasto da Seguridade Social é com os **benefícios do Regime Geral (INSS), na ordem de 76,7% da receita**. A **Assistência Social, com 22,8%**, ocupa a segunda posição. E a **Saúde, com 13,4%**, fica na terceira posição. No final, resta um déficit de R$ 428,8 bilhões, ou 36,4% da receita.

Se retirarmos a Previdência do setor público federal, o RPPS e os pensionistas militares, ainda resta um déficit de R$ 267 bilhões, ou 22,6% da receita da Seguridade Social.

Essa exclusão é feita porque existem argumentos de que esses itens não fazem parte da Seguridade Social. No entanto, trata-se de uma exclusão contábil, porque o déficit do Tesouro Nacional não se altera. Seria como transferir o conteúdo de um pacote para outro, estando ambos no mesmo prato da balança.

4.3. DESPESAS EM % DA RECEITA LÍQUIDA DO GOVERNO CENTRAL

Se compararmos com a receita líquida do Governo Central, no valor de R$ 1.899.387 milhões, as receitas da Seguridade corresponderam, em 2023, a 62,1% e as despesas, a 84,7% (Tabela 4.3). No período 2112-2023 a média foi de 80,6%. Mas, se retiramos 2020, quando o percentual foi de 122,2%, a média fica em 76,9% (Tabela 1.4, capítulo 1). Mesmo assim, um comprometimento muito alto da receita. O Governo Central é formado pelo Tesouro Nacional, o INSS e o Banco Central.

Vamos ver, então, que mesmo com o enorme comprometimento da receita líquida do Governo Federal, temos uma queixa generalizada do baixo valor das aposentadorias do INSS, das muitas carências na Saúde e uma denúncia repetida de que milhões passam fome no Brasil, o que é verdade.

TABELA 4.3 | Despesa da Seguridade em % da receita líquida do Governo Central, 2023

Descrição	R$ milhões	Receita líq. Gov. Central	Despesas da Seguridade
Receita líquida do Governo Central	1.899.387	100,0%	
Receita da Seguridade Social	1.179.280	62,1%	
DESPESAS DA SEGURIDADE SOCIAL	1.608.081	84,7%	100,0%
RGPS	904.672	47,6%	56,3%
RPPS civil	102.934	5,4%	6,4%
Pensionistas militares (2)	58.797	3,1%	3,7%
Saúde	157.924	8,3%	9,8%
Assistência Social	268.322	14,1%	16,7%
Abono Salarial	25.047	1,3%	1,6%
Seguro Desemprego	47.714	2,5%	3,0%
Demais	42.672	2,2%	3,4%

Fonte: STN – RREO dezembro/2023, Tabela 1-A. e Resultado Tesouro Nacional.

4.4. DISPÊNDIOS POR FINALIDADES E O ESMAGAMENTO DA SAÚDE

Os governantes precisam entender que não é dando o que não se pode dar que salvarão o povo pobre da miséria. Quando assim procedem, estão criando uma situação muito pior para o futuro. Se os governantes, possuindo todos os dados e assessores especializados, mesmo assim concedem favores impossíveis, só pode ser por demagogia. E isso é o pior dos mundos. José Ortega Y Gasset, em *A Rebelião das Massas*, disse: "É, de fato, muito difícil salvar-se uma civilização quando chegou a hora de cair na mão dos demagogos. Os demagogos têm sido os grandes estranguladores de civilizações."

A Tabela 4.4 apresenta os dispêndios nas diversas áreas da Seguridade Social, entre 2010 e 2023. Essa comparação é de mais fácil entendimento na Tabela 4.5, com a participação percentual de cada uma das áreas no total da despesa

TABELA 4.4 | Despesa com a Seguridade Social, por finalidade
R$ milhões

Anos	Benefícios RGPS	Aposent. servidores federais	Abono Salarial e Desemprego	Assistência Social (*)	Saúde	Diversos	Total
2010	254.859	73.559	29.467	36.092	51.492	6.655	452.123
2011	281.438	79.000	34.166	41.879	58.930	7.424	502.839
2012	316.590	82.580	39.547	50.104	68.632	8.598	566.050
2013	357.003	88.729	45.142	57.976	73.779	11.700	634.330
2014	394.201	95.967	52.436	64.646	83.569	14.084	704.904
2015	436.090	104.289	47.310	68.966	87.278	19.267	763.200
2016	507.871	110.197	56.015	77.913	97.812	23.003	872.811
2017	557.235	123.396	54.507	82.145	98.144	23.733	939.160
2018	586.379	122.842	53.553	85.117	110.765	26.848	985.504
2019	626.510	139.971	55.592	92.759	115.631	29.253	1.059.717
2020	669.707	117.954	59.339	423.568	161.537	39.232	1.471.337
2021	712.027	120.120	46.387	168.621	179.078	40.891	1.267.124
2022	804.475	122.821	66.120	198.323	151.859	47.475	1.391.073
2023	904.672	161.731	72.760	268.322	157.924	42.672	1.608.081

Fonte: RREOS – 6.º bimestre de cada ano. (*) Inclui Bolsa Família (Auxílio Brasil).

Observando-se a Tabela 4.5 fica patente um aumento de aplicação de recursos em Assistência Social, onde está incluída o Bolsa Família (Auxílio Brasil), comprimindo os recursos de outras áreas, principalmente a da Saúde e contribuindo para aumentar o déficit, já que a Seguridade Social, mesmo possuindo em 2023 o correspondente a 62,1% da receita líquida do Governo Central, sua despesa atingiu 84,7% dela (Tabela 4.3). A pandemia obrigou a elevar esses gastos, que continuaram altos nos anos seguintes, embora em proporção menor. Esses dispêndios continuados, mesmo que socialmente importantes, são inviáveis financeiramente.

TABELA 4.5 | Despesa da Seguridade Social, por finalidades, em %

Anos	Benefícios RGPS	Aposent. servidores federais	Abono Salarial e Desemprego	Assitência Social (*)	Saúde	Diversos	Total
2010	56,4%	16,3%	6,5%	8,0%	11,4%	1,5%	100,0%
2011	56,0%	15,7%	6,8%	8,3%	11,7%	1,5%	100,0%
2012	55,9%	14,6%	7,0%	8,9%	12,1%	1,5%	100,0%
2013	56,3%	14,0%	7,1%	9,1%	11,6%	1,8%	100,0%
2014	55,9%	13,6%	7,4%	9,2%	11,9%	2,0%	100,0%
2015	57,1%	13,7%	6,2%	9,0%	11,4%	2,5%	100,0%
2016	58,2%	12,6%	6,4%	8,9%	11,2%	2,6%	100,0%
2017	59,3%	13,1%	5,8%	8,7%	10,5%	2,5%	100,0%
2018	59,5%	12,5%	5,4%	8,6%	11,2%	2,7%	100,0%
2019	59,1%	13,2%	5,2%	8,8%	10,9%	2,8%	100,0%
2020	45,5%	8,0%	4,0%	28,8%	11,0%	2,7%	100,0%
2021	56,2%	9,5%	3,7%	13,3%	14,1%	3,2%	100,0%
2022	57,8%	8,8%	4,8%	14,3%	10,9%	3,4%	100,0%
2023	56,3%	10,1%	4,5%	16,7%	9,8%	2,7%	100,0%

Fonte: Tabela 3.
* Inclui Bolsa Família (Auxílio Brasil).

REFERÊNCIAS

GIAMBIAGI, Fabio e TINOCO, Guilherme. *Política Fiscal do Brasil de 1981-2023: Uma retrospectiva histórica*, p.53. Textos para discussão BNDES.

PASTORE, Afonso Celso. *Erros do Passado, Soluções para o Futuro.*

STN Tabela 2.1 Resultado Primário do Governo Central – Brasil – Anual – Resumida.

STN – RREOS – dezembro de cada ano – Resultado da Seguridade Social.

CAPÍTULO 5
Orçamento Federal: metade é de papel

> "A falta de transparência resulta em desconfiança e um profundo sentimento de insegurança."
>
> *Dalai Lama*

Comentários iniciais

Este capítulo se destina a uma breve análise do Orçamento Federal, um documento formado por seis volumes, de que fazemos uso do Volume I, com mais de 500 páginas. É um documento fundamental, mas desconhecido da maioria da população, por seu tamanho e por seu difícil entendimento. Esta análise tem dois enfoques.

O primeiro é esclarecer o que está escondido em suas enormes cifras, em que praticamente a metade trata da dívida pública, quase tudo envolvendo refinanciamentos ou rolagens de dívida, sendo mera troca de títulos vencidos por vincendos. A outra metade é a receita e a despesa efetivamente recebida e paga pela União que, ainda, transfere parte para Estados e Municípios.

Quase toda a dívida federal é por títulos. Por isso, a cada ano ela é quase toda renovada. Não é o caso de uma dívida contratual em que se vai amortizando gradativamente. E esse é o motivo de tanta confusão e até de má-fé no tratamento dos números.

Por exemplo, para 2024 está prevista uma amortização de dívidas de R$ 2,043 trilhões. Mas o refinanciamento previsto é de R$ 1,726 trilhão, e ainda há mais R$ 694,6 bilhões de novas operações de crédito, cuja maioria é para pagar a dívida.

O segundo enfoque é a previsão orçamentária, cuja receita, SMJ, parece ser de difícil realização, pelo menos na dimensão proposta, o que certamente comprometerá o cumprimento da meta de déficit zero do Arcabouço Fiscal.

5.1. ORÇAMENTO FISCAL E DA SEGURIDADE SOCIAL PARA 2024

Conforme citado na introdução, este tema é um tanto áspero e difícil de explicar. Mas vamos tentar.

O orçamento federal é um caso que se presta a interpretações que levam a informações distorcidas das finanças nacionais, o que procuramos demonstrar em sequência. Várias instituições, entre elas sindicatos, associações de funcionários públicos e muitas pessoas tomam o orçamento pelo seu total para estabelecer correlações com as variáveis de receita e de despesa. É comum nos debates eleitorais citarem os percentuais mínimos aplicados em funções básicas, como Previdência, Educação, Transportes, tendo como denominador o valor total do orçamento, o que não pode ser, como demonstraremos adiante. A frase em epígrafe define muito bem a consequência da falta de transparência.

Iniciamos pelo PIB nacional, o que é necessário para começo de entendimento do assunto. Assim sendo, cabe mencionar que a participação da União no PIB era de 18,23%, para uma carga tributária total de 33,26%, demonstrada na Tabela 1.1, no item 1.1, capítulo 1.[11]

Tomando o orçamento de 2023, de R$ 5.031 trilhões, e o PIB do mesmo ano, R$ 10.150 trilhões, tem-se, praticamente, 50% a razão entre ambos.

A pergunta inevitável é como pode a União ter um orçamento de 50% do PIB, se sua participação na carga tributária é de apenas 18,23%?

E não se diga que é com outras receitas além das tributárias, porque estas, incluindo as contribuições para financiamento da Seguridade Social, correspondem a 87% das Receitas Correntes (45,2% em 52%).

---

[11] Último ano da demonstração da participação por entes é de 2018, mas não deve ter se modificado, porque a carga tributária total de 33,26 é praticamente a mesma, 33,7%, em 2022.

Receitas

A Tabela 5.1 traz as receitas, sendo 52% Receitas Correntes e 48%, Receitas de Capital, incluindo nestas o refinanciamento da Dívida Pública Federal, que também é uma Receita de Capital. Destacamos

TABELA 5.1 | Orçamento fiscal e da Seguridade Social, 2024
Em R$ milhões correntes

Especificação	2024	Total	Realizado 2023	Variação	Var. %
1. RECEITAS CORRENTES	**2.799.168**	**51,9%**	**2.417.315**	**381.853**	**15,8%**
Impostos, taxas e contribuição melhoria	1.029.861	19,1%	887.930	141.931	16,0%
Contribuições	1.405.478	26,1%	1.196.997	208.481	17,4%
Receita patrimonial	225.557	4,2%	210.474	15.083	7,2%
Receita agropecuária	29	0,0%	21	8	38,1%
Receita industrial	9.171	0,2%	6.312	2.859	45,3%
Receita de serviços	52.884	1,0%	49.802	3.082	6,2%
Transferências correntes	170	0,0%	242	−72	−29,8%
Outras receitas correntes	76.018	1,4%	65.537	10.481	16,0%
2. RECEITAS DE CAPITAL	**2.592.719**	**48,1%**	**1.940.723**	**651.996**	**33,6%**
Oper. crédito + Ref. dívida federal	2.431.152	45,1%	1.754.143	677.009	38,6%
Alienação de bens	506	0,0%	653	−147	−22,5%
Amortização de empréstimos	34.516	0,6%	36.253	−1.737	−4,8%
Transferências de capital	113	0,0%	31	82	264,5%
Outras receitas de capital	126.432	2,3%	149.643	−23.211	−15,5%
SUBTOTAL	**5.391.887**	**100,0%**	**4.358.038**	**1.033.849**	**23,7%**
Déficit**			206.245		
TOTAL			4.564.283		
REFINANCIAMENTO DÍVIDA FEDERAL*	**1.736.507**		**2.010.264,2**	**−273.757**	**−13,6%**

Fonte: Proposta orçamentária 2023 e 2024, Volume I.
(*) Somado às operações de crédito.
(**) Exceto operações intraorçamentárias.

que as receitas correntes estão superestimadas. A Receita de Capital é quase toda destinada à rolagem e ao pagamento da dívida.

Voltando ao assunto, o que se torna evidente é a inconsistência do tamanho do orçamento comparado com a participação da União na carga tributária, de 18,23%, conforme já citado.

Porque quase a metade dela é de papel (rolagem da dívida) ou operações de crédito, quase todas destinadas ao pagamento da dívida. E mesmo assim há quem insista em considerar todo esse orçamento como fonte de recurso para financiar todas as despesas.

Despesas

Na Tabela 5.2 estão as despesas projetadas para o exercício, num total de R$ 5.391.887 milhões. Na Tabela 5.3 vemos que, retirando

TABELA 5.2 | Despesas do Orçamento Fiscal da Seguridade Social por categoria econômica e origem para 2024
Em R$ milhões

Despesas	2024	%	Realiz. 2023	Var. %
Despesas correntes	3.043.555,9	56,4%	2.739.950,0	11,1%
Pessoal e encargos sociais	407.117,9	7,6%	364.327,0	11,7%
Juros e encargos da dívida *	436.129,3	8,1%	240.753,0	81,2%
Outras despesas correntes	2.200.308,7	40,8%	2.134.870,0	3,1%
Despesas de capital	2.230.877,2	41,4%	1.824.333,0	22,3%
Investimentos	58.882,9	1,1%	68.646,0	−14,2%
Inversões financeiras	128.423,6	2,4%	93.263,0	37,7%
Amortização da dívida	2.043.570,7	37,9%	1.662.424,0	22,9%
Reserva de contingência	117.453,6	2,2%	-	
TOTAL	5.391.886,7	100,0%	4.564.283,0	18,1%
Dívida: juros e encargos e amortização	2.479.700,0		1.903.177,0	30,3%

Fonte: Propostas orçamentárias, 2023 e 2024, Volume I.
Nota: São os juros pagos e a pagar, mas os juros nominais por competência são muito maiores: 658.185 milhões (2023) e 649.117 milhões, 2024, LOA (Anexo 10-A, p.328).

as despesas com a dívida e as transferências por repartição da receita aos demais entes federados, restam como despesas **efetivas da União R$ 2.282.258 milhões**.[12] Este é o valor que deve ser tomado para estabelecer a participação de qualquer item, exceto a dívida, no total da despesa e não o total do orçamento, em que quase a metade é refinanciamento da dívida ou operações de crédito para pagá-la.

Vemos que as receitas para 2024 estão estimadas com um acréscimo de 15,8% em relação ao realizado em 2023. Como o orçamento prevê resultado zero, se essas receitas não se concretizarem, o resultado será negativo. As transferências aos entes subnacionais estão contidas nas outras despesas correntes, com previsão de aumento de 3,1%. Se as receitas a que elas são vinculadas vão crescer 15,8%, está havendo uma inconsistência. Os juros também estão subestimados, a serem considerados os de competência do exercício, na ordem de 649,1 bilhões. Restaram R$ 213 bilhões a serem acrescidos ao estoque da dívida.

Sinteticamente, a composição da despesa no orçamento é a constante da Tabela 5.3, sendo 42,3% de dotações para os ministérios e órgãos; 10,1% para a distribuição da receita a Estados e Municípios e 47,5% para as operações da dívida federal: rolagens, amortização e encargos.

TABELA 5.3 | Composição da despesa do orçamento federal, 2024

Destinações	R$ milhões	%
Dotações dos Ministérios e órgãos federais	2.282.258	42,3%
Transferências a Estados e Municípios	546.231	10,1%
Dívida pública federal	2.563.398	47,5%
TOTAL	**5.391.887**	**100,0%**

Fonte: Anexo VI – Parte final.

---

[12] O conceito adotado para receita e despesa efetivas não é aquele da Contabilidade Pública, que só atribui essa denominação, se alterar a situação líquida financeira.

5.2. COMO SERÁ "PAGA" A DÍVIDA FEDERAL

O Gráfico 5.1 mostra como será "paga" a dívida em 2024, deixando clara a reduzida participação dos recursos próprios que serão usados no seu pagamento, na ordem de R$ 132.246 milhões, ou 5,2%. E esses recursos não têm origem na receita primária, porque não haverá superávit primário. São receitas de capital e, portanto, eventuais.

Poder-se-ia dizer que parte das operações de crédito são destinadas a investimentos e inversões financeiras. Neste caso, aumentaria a necessidade de contrair outras operações de crédito para pagar a dívida. Seriam elas por elas, como se diz popularmente.

Como toda a dívida é refinanciada ou paga mediante novas operações de crédito e apenas uma parte mínima é paga, mas por receitas eventuais, pode-se dizer que, **na prática, não há pagamento de dívida**.

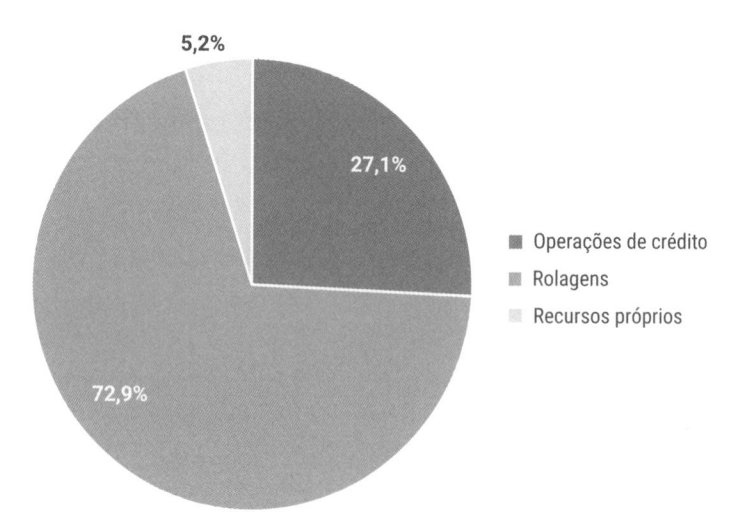

GRÁFICO 5.1 | Como será paga a dívida em 2024.
Fonte: Proposta Orçamentária para 2024, Volume I.
Tabelas 5.1 e 5.2 e Anexo VI.

5.3. JUROS PROJETADOS NO ORÇAMENTO PARA 2024

Há uma enorme confusão entre os juros apropriados à despesa em cada exercício e as operações da dívida constantes do orçamento.

Por exemplo, em 2024, estão previstos para juros encargos R$ 436.129 milhões e mais R$ 2.043.571 milhões de amortizações da dívida, totalizando R$ 2.479.700 milhões (Tabela 5.2). Há uma afirmação de que isso é pago anualmente com recursos correntes, o maior dos absurdos, pois é superior à receita que efetivamente pertence à União, de R$ 2.282.258 milhões, que é utilizada para cobrir as dotações de todos os Ministérios e órgãos. Se isso não bastasse, na Tabela 5.1 está bem claro que R$ 1.736.507 milhões é Refinanciamento da Dívida Federal (rolagem ou troca de títulos vencidos por vincendos). Mas não é só isso; ainda há as operações de crédito, elevando o total para R$ 2.431.152 milhões; na prática, tudo vai para pagamento da dívida. Então, se todos os recursos de refinanciamento e operação de crédito são destinados às operações da dívida, e são praticamente a metade do orçamento.

Isso não quer dizer que não pagamos juros excessivos. Pagamos grandes somas e deixamos grande parte sem pagar dos juros de competência em cada exercício. Mas isso nada tem a ver com o Refinanciamento da Dívida Federal, que trata da rolagem da dívida, ou seja, simples troca de títulos vencidos por vincendos.

Por sinal, o valor dos juros constante do orçamento (R$ 436.118 milhões) é muito menor que o valor real, que são os juros nominais de competência do exercício, da ordem de R$ 658.185 milhões constantes do Demonstrativo do Resultado Primário do Governo Federal.[13] Para 2024, os juros de competência do exercício estão previstos em R$ 649.117 milhões, portanto R$ 212.988 superior ao valor do orçamento. Não sendo pagos esses juros, serão refinanciados, aumentando o endividamento público.

5.4. O GRÁFICO DAS MEIAS-VERDADES OU DAS MENTIRAS

> "A meia-verdade é sempre uma mentira inteira."
>
> *Provérbio chinês*

---

[13] Valor um pouco além do constante do NFSP/Bacen, na ordem de 611.555 milhões.

Corroborando com o que foi dito na análise desta parte, está o gráfico em tela, retirado da Internet, postado que foi pela Auditoria Cidadã da Dívida, cujos dados originais são do Orçamento Federal relativo a 2002. Ele é repetido todos os anos.

Mesmo concordando com Nelson Rodrigues quando disse que "nada é mais difícil do que demonstrar o óbvio", vamos ao assunto.

Em nosso entendimento, tal gráfico está cheio de meias-verdades, a começar pelo título, quando afirma que "**foi pago em 2022 R$ 4,060 trilhões**", quando a receita líquida do Governo Central nesse ano foi de **R$ 1,856 trilhão**, portanto somente 46% desse valor. Outra inconsistência é em relação ao PIB de **2022, que foi de R$ 9,915 bilhões, e os R$ 4,060 bilhões citados correspondem a 41% dele**. Como isso seria possível se a participação da União na carga tributária foi pouco mais de 18% do PIB?

É claro que pagamos muito juro e não defendemos isso de jeito nenhum, mas não é no valor anunciado no início do texto pela citada entidade. E também não concordamos que são os juros que aumentam a dívida, e não os gastos sociais.

Ora, todo gasto, social ou não, se superior à receita, gera déficit primário, **que se agrega ao saldo devedor da dívida, em vez de reduzi-la**. Uma prova disso é que até 2013, quando havia superávit primário,[14] a DLSP (Dívida Líquida do Setor Público) era 30,5% do PIB, e em agosto de 2023 estava em 59,6%. Já a DBGG (Dívida Bruta do Governo Geral), que era de 51,5% do PIB, em agosto/2023 estava em 74,1%

Os juros **também aumentam**, e significativamente, o saldo devedor, mas eles são também consequência dos déficits sistemáticos.

No entanto, o fato de existir superávit primário não evita o pagamento de juros; apenas reduz seu incremento. Enquanto existir saldo devedor, haverá geração de juros. Mas somente o superávit primário é que reduz o saldo devedor, podendo com isso reduzir o montante de juros a pagar.

---

[14] Em 2022, houve um pequeno superávit de 0,6% do PIB.

Orçamento Federal Executado (pago) em 2022 = R$ 4,060 TRILHÕES

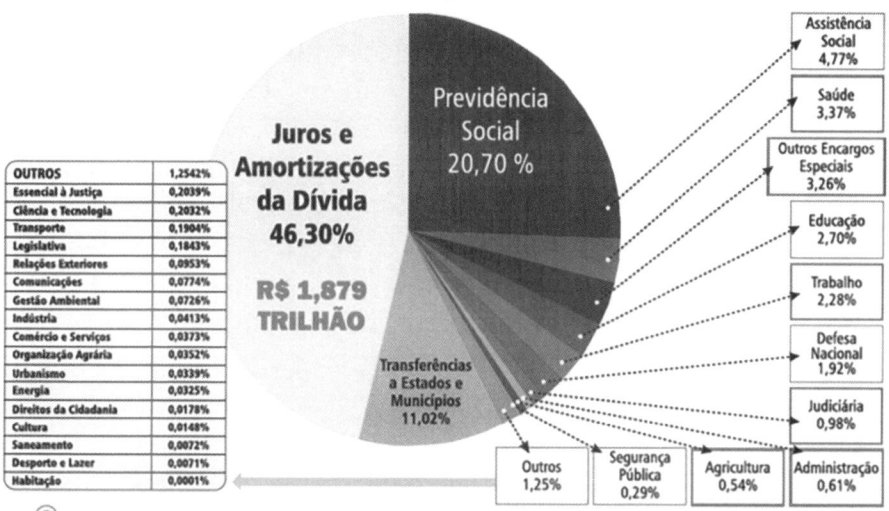

OUTROS	1,2542%
Essencial à Justiça	0,2039%
Ciência e Tecnologia	0,2032%
Transporte	0,1904%
Legislativa	0,1843%
Relações Exteriores	0,0953%
Comunicações	0,0774%
Gestão Ambiental	0,0726%
Indústria	0,0413%
Comércio e Serviços	0,0373%
Organização Agrária	0,0352%
Urbanismo	0,0339%
Energia	0,0325%
Direitos da Cidadania	0,0178%
Cultura	0,0148%
Saneamento	0,0072%
Desporto e Lazer	0,0071%
Habitação	0,0001%

Juros e Amortizações da Dívida 46,30% — R$ 1,879 TRILHÃO
Previdência Social 20,70%
Transferências a Estados e Municípios 11,02%
Assistência Social 4,77%
Saúde 3,37%
Outros Encargos Especiais 3,26%
Educação 2,70%
Trabalho 2,28%
Defesa Nacional 1,92%
Judiciária 0,98%
Administração 0,61%
Agricultura 0,54%
Segurança Pública 0,29%
Outros 1,25%

Fonte: https://www1.siop.planejamento.gov.br/QvAJAXZfc/opendoc.htm?document=IAS%2FExecucao_Orcamentaria.qvw&host=QVS%40pql04&anonymous=true&sheet=SH06 Elaboração: Auditoria Cidadã da Dívida. Consulta em 25/1/2023. Orçamento Fiscal e da Seguridade Social. Gráfico por Função, com exceção da Função "Encargos Especiais", que foi desmembrada em "Juros e Amortizações da Dívida" (GND 2 e 6); "Transferências a Estados e Municípios" (Programa 0903), e "Outros Encargos Especiais" (restante da função, composta principalmente por gastos com cumprimento de Sentenças Judiciais e Fundos de Financiamento Regional).

Por esse gráfico pagamos 46,30% de dívida e 20,7% de previdência. Isso é uma inverdade, porque não pagamos quase nada de dívida; a maior parte foi rolada, conforme vimos. **A despesa da Previdência Social, no entanto, não é a razão entre despesa com previdência e o orçamento de papel total, mas com as receitas correntes que efetivamente entraram no Tesouro Federal, que não são trocas de papéis.** Assim ocorre com todos os demais gastos, cujos percentuais são reduzidos à metade porque o denominador da fração está duplicado.

5.5. ORÇAMENTO DE 2024 E ARCABOUÇO FISCAL

Dois aspectos caracterizam o orçamento para 2024: o excessivo aumento previsto para a arrecadação das receitas correntes, na ordem de R$ 381,8 bilhões, ou 15,8% nominais, em torno de 11% reais, dependendo da taxa de inflação. Para gerar esse valor é preciso arrecadar bem mais, porque os principais impostos federais, Imposto de Renda e IPI, têm 50% de sua arrecadação compartilhada com Estados, Municípios e fundos regionais, além das vinculações.

Para alcançar R$ 382 bilhões, é preciso atingir uma média mensal de R$ 31,8 bilhões. No mês de janeiro de 2024, cantado em prosa e verso como grande sucesso em arrecadação, ela foi R$ 16,9 bilhões a mais, comparando com o mesmo mês do ano anterior. Fevereiro aumentou R$ 29,7 bilhões, no entanto a despesa cresceu R$ 47,6 bilhões...

O outro aspecto diz respeito ao enorme crescimento nominal das operações de crédito, de 33,6% ou R$ 652 bilhões em 2024.

No tocante à despesa, tem que ser considerados os aumentos de participação da receita e as vinculações. Além disso, há o reflexo do aumento real do salário-mínimo, aliado ao crescimento vegetativo, na Previdência e Assistência social, com grande participação na despesa federal.

Diante disso, está muito difícil de nosso Ministro da Fazenda alcançar o déficit zero, a despeito de seu esforço. Em decorrência de todos esses acréscimos gerados pelo crescimento da receita, dificilmente logrará êxito num ajuste sem redução da despesa.

A propósito, Alberto Alesina e Francesco Giavazzi, ob. citada, depois de outras considerações, assim se manifestam sobre o assunto: "Travar o crescimento automático de muita despesa programada, especialmente os benefícios, é condição necessária para a consolidação de um orçamento, enquanto os aumentos de impostos tapam o buraco apenas temporariamente".

Ainda sobre o Arcabouço Fiscal, as três hipóteses neles constantes são de muito difícil viabilização. Senão, vejamos.

> a) Crescimento da despesa em 70% do crescimento da receita. Nem avento a hipótese de 50% se o governo não conseguir num determinado ano atingir 70%. Isso só será possível se passarem a excluir muitas despesas dessa conta, porque entre 1991 e 2016 (sem o teto de gastos), em 25 anos, a despesa cresceu em cada ano, em média, 0,4 ponto percentual acima

do PIB, que é um *proxy* da receita. Como agora vai crescer só 70% (30% menos)? Pode ser que num ano isolado isso aconteça, mas sem mudanças estruturais não permanece.

b) A despesa poderá crescer entre 0,5% e 2,5%, também muito difícil, em decorrência das vinculações e indexações. Os reajustes reais do salário-mínimo pelo PIB mais o crescimento vegetativo dificultarão muito o atingimento desse objetivo.

c) Resultado primário entre –0,25 e 0,25 do PIB, dificilmente será atingido, pelas mesmas razões que tornam difícil atingir as duas outras.

d) O Gráfico 5.2. mostra o crescimento da despesa primária do Governo Central em proporção do PIB, com as transferências a Estados e Municípios, sempre acima da variação do PIB, tendo se estabilizado apenas a partir de 2017, em decorrência da Emenda 95, de 15/12/2016 (teto de gastos). Após esse ano, a única exceção foi em 2020, em decorrência do aumento de gastos para enfrentar a pandemia do coronavírus. Em 2023, com o fim do citado teto, a despesa voltou

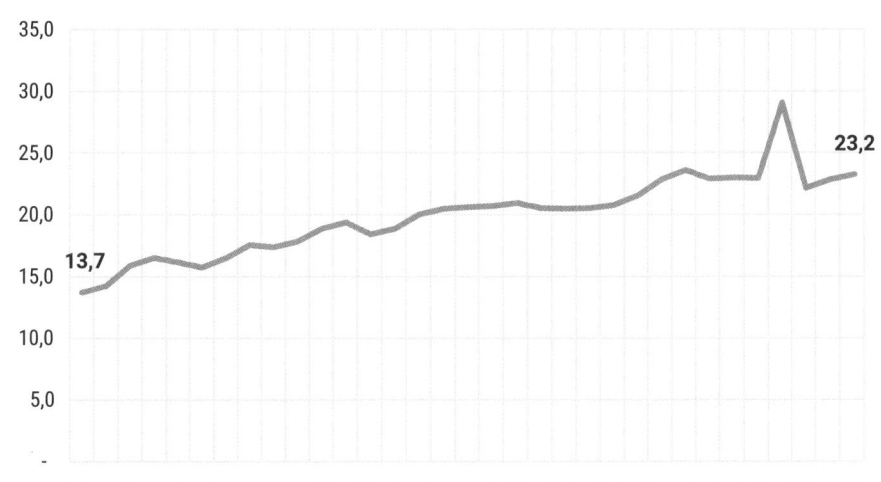

GRÁFICO 5.2 | Despesa primária do Governo Central em % do PIB, 1991-2023, com transferências a estados e municípios.
Fonte: STN, adaptado pelo texto de Giambiagi, Fabio e Tinoco, Guilherme. Política Fiscal no Brasil 1981-2023.

a subir 23,2%. O teto foi substituído pelo Arcabouço Fiscal, já citado, a partir de 2024.

5.6. EMENDAS PARLAMENTARES E FUNDO ELEITORAL: UMA VERGONHA

As emendas parlamentares e o fundo eleitoral não são invenções do governo atual; vem de antes, só que seu valor aumenta a cada período governamental. Para 2024, as emendas mais o fundo eleitoral corresponderam a R$ 53 bilhões (mais R$ 4,9 bilhões de fundo eleitoral), totalizando R$ 57,9 bilhões. Sabemos que é difícil acabar com essas práticas, mas seria a melhor solução acabar definitivamente com elas. O Presidente da República cortou R$ 5,6 bilhões de seu valor, pouco mais de 10%. Isso é paliativo; logo em seguida o valor original volta. De lagartixa não adianta cortar o rabo; ele cresce de novo.

Com esse corte, as emendas e o fundo ficaram em R$ R$ 52,3 bilhões. Poderão dizer, mas R$ 52,3 bilhões corresponde a 2,3% do orçamento federal efetivo (R$ 2,282 trilhões), porque tanta preocupação?

É mais um caso em que as dotações com pouca representatividade no total têm alto valor absoluto, na sua maioria. Pois, dos 51 Ministérios e órgãos para os quais foram alocados recursos, 27 deles somados (mais da metade) correspondem a 2,3% do orçamento, quando tomados em ordem crescente (Tabela 5.4).

O Presidente da Câmara Federal reagiu ao corte do valor das emendas, dizendo que o orçamento não é do Poder Executivo. De fato, não é, mas também não é de nenhum outro Poder. O orçamento é do povo brasileiro, que sofre por inúmeras carências de recursos, que estão quase todos comprometidos com outras finalidades sociais.

A alegação do Poder Legislativo é que os deputados são quem conhece as necessidades locais do povo. Pode até ser verdade, mas não deixa de ser uma pulverização de recursos que nada tem a ver com uma visão nacional, muitas vezes desvirtuada das necessidades maiores do povo. Ademais, o Legislativo tem como função precípua a fiscalização do orçamento e não sua gestão, muitas vezes sem a obediên-

TABELA 5.4 | Ministérios e órgãos que totalizam R$ 53.234 milhões, valor equivalente às emendas
Em ordem crescente de dotação

N.º	Ministérios e órgãos	Dotação	%	%	Acum. %
1	Gabinete da Vice-Presidência	15,0	15,00	0,001	0,001
2	Conselho Nacional do Min. Público	116,0	131,00	0,005	0,006
3	Min. da Igualdade Racial	163,0	294,00	0,007	0,013
4	Ministério das Mulheres	208,0	502,00	0,009	0,022
5	Ministério do Turismo	271,0	773,00	0,012	0,034
6	Conselho Nacional de Justiça	298,0	1.071,00	0,013	0,047
7	Min. da Pesca e Agricultura	301,0	1.372,00	0,013	0,060
8	Ministério dos Direitos Humanos	412,0	1.784,00	0,018	0,078
9	Ministério do Esporte	608,0	2.392,00	0,027	0,105
10	Justiça Militar da União	759,0	3.151,00	0,033	0,138
11	Defensoria Pública da União	762,0	3.913,00	0,033	0,171
12	Min. dos Povos Indígenas	856,0	4.769,00	0,038	0,209
13	STF	898,0	5.667,00	0,039	0,248
14	Ministério Transp. e Control. da União	1.392,0	7.059,00	0,061	0,309
15	Ministério das Comunicações	1.983,0	9.042,00	0,087	0,396
16	Superior Tribunal de Justiça	2.105,0	11.147,00	0,092	0,488
17	TCU	2.850,0	13.997,00	0,125	0,613
18	Ministério da Ind. Com. e Serviços	2.890,0	16.887,00	0,127	0,740
19	Ministério da Cultura	3.310,0	20.197,00	0,145	0,885
20	Presidência da República	3.360,0	23.557,00	0,147	1,032
21	Ministério do Planej. e Orçamento	3.390,0	26.947,00	0,149	1,181
22	Ministério do Meio Ambiente	3.646,0	30.593,00	0,160	1,340
23	Justiça do DF e dos Territórios	3.845,0	34.438,00	0,168	1,509
24	Banco Central do Brasil	4.151,0	38.589,00	0,182	1,691
25	Advocacia-Geral da União	4.457,0	43.046,00	0,195	1,886
26	Ministério das Relações Exteriores	4.772,0	47.818,00	0,209	2,095
27	Min. de Portos e Aeroportos	5.416,0	53.234,00	0,237	2,333
	TOTAL, conforme Tabela 5.4	53.234,0		2,332	

Fonte: Proposta Orçamentária para 2024, Volume I, Anexo II.

cia ao princípio da impessoalidade, tão necessário quando se trata de recursos públicos.

O economista Marcos Mendes, no *Estadão* de 25/02/2024, coloca muito bem a questão: "Dinheiro federal é para cuidar da Força Nacional de Segurança, desenvolver políticas de imunização de saúde, investir em rodovias federais... As emendas tiram dinheiro que seria para essas finalidades e mandam para o município para asfaltar rua, uma coisa que deveria ser feita pelo município com dinheiro municipal."

Mesmo que se possa dizer que nem toda emenda é inútil, como tudo na vida, sempre haverá alguma exceção. No entanto, o recurso é aplicado sem o rigor técnico e legal que se exige da boa gestão dos recursos públicos, prestando-se a desvios, malversação e outros males que soem ocorrer na ausência de controle.

No tocante às **emendas Pix**, o jornal *Estado de São Paulo*, em 13/02/2024, referindo-se à criação do Portal da Transparência diz o seguinte: Com a mudança, será possível saber qual parlamentar indicou o recurso e a prefeitura ou Estado beneficiado, **mas não no que o dinheiro foi usado** (destacamos). A natureza da Emenda Pix torna impossível essa transparência na ponta. O recurso cai diretamente no caixa das prefeituras e dos governos estaduais antes de licitação, obra ou compra de equipamento. **Como não há vinculação com políticas públicas nem prestação de contas, a sociedade não sabe como foi gasta essa fatia bilionária do Orçamento** (destacamos).

O orçamento nacional é muito grande, envolvendo quantias bilionárias de recursos, e isso desperta cobiça naqueles que desprezam a responsabilidade fiscal e o respeito pelo que é público. Os mais velhos devem estar lembrados do grupo de parlamentares que ficou conhecido por *Anões do Orçamento*, que no final da década de 1980 e início da de 1990 fraudaram recursos do orçamento, tendo sido investigados por uma CPI em 1993, portanto há 20 anos. Um dos componentes do grupo era, acima de tudo, um homem de *muita sorte*, pois, segundo ele, acertou 56 vezes na loteria só em 1993, quando levantou R$ 17 milhões, em valores da época, equivalentes hoje a R$ 1,3 bilhão.

Finalizando, podemos dizer que as emendas aprovadas correspondem, ainda, à soma das dotações de 13 órgãos de elite, como Senado, Câmara Federal, STF, Superior Tribunal de Justiça, TCU, Banco Central, entre outros. Dariam, ainda, para custear as dotações de mais da metade da soma dos Ministérios ou órgãos federais, colocados em ordem crescente ou decrescente de dotação.

Quanto ao **fundo eleitoral**, precisaria de tanto dinheiro, em plena época da comunicação digital, que dispensa muitas propagandas em papel e reduz os deslocamentos? Será que o povo, que é o dono do orçamento, concordaria em destinar R$ 4,9 bilhões para financiar campanhas políticas, ainda mais em nível municipal? Ficam as perguntas.

Por falar em fundo eleitoral, o jornal citado, em 03/03/2024 traz uma matéria denominada "Congresso dribla Lei das Eleições para liberar R$ 24 bilhões em emenda a prefeitos". Desse valor citado, R$ 8,1 bilhões são emendas Pix. Como a lei proíbe a transferência de recursos a Municípios, incluindo emendas, três meses antes das eleições, o drible está em mandar os recursos antes do período vedado, mas a execução se dá nos três meses finais, durante a campanha eleitoral, o que não podia também. Antes, o prefeito só recebia o dinheiro se tivesse um projeto para aquela obra, com a concordância do Ministério da área e a aprovação de um órgão de controle, que acompanharia o caminho do recurso. Agora tudo isso deixou de ser exigido.

Por todas essas emendas parlamentares mais os fundos eleitorais no tamanho que são, pode-se dizer: "Isso é uma vergonha", parafraseando o comunicador Bóris Casoy.

Voltando às origens, podemos atribuir esse empoderamento do Poder Legislativo para essas atitudes não recomendáveis ao fato de, em 2006, o Supremo Tribunal Federal – STF ter derrubado "a cláusula de barreiras" que elevou o crescimento do número de partidos, que tornou impossível o presidencialismo da coalizão, que foi substituído pelo presidencialismo de cooptação... (Pastore, p.214).

Todas essas ilegalidades e benesses criadas podem um dia se voltar contra seu próprio criador ou criadores, em denúncias de corrupção, em prejuízo às ações governamentais, provocando enorme desgaste político. Como diz aquele ditado castelhano: "Cria cuervos y te sacarán los ojos".

REFERÊNCIAS

ALESINA, Alberto e GIAVAZZI, Francesco. *O Futuro da Europa*. Capítulo 13.

AUDITORIA CIDADÃ DA DÍVIDA. Gráfico acessado da Internet.

GIAMBIAGI, Fabio e TINOCO, Guilherme. *Política Fiscal no Brasil, 1981-2023*.

JORNAIS DIVERSOS. Notícia sobre Emendas Parlamentares.

JORNAL ESTADO DE SÃO PAULO. Portal da Transparência vai mostrar para onde a emenda vai, mas não no que gasta. Data 13/02/20240.

Matéria publicada sob o título referido em 03/03/2024.

Matéria publicada em 24/02/2024. Entrevista de Marcos Mendes.

MINISTÉRIO DO PLANEJAMENTO E GESTÃO – Propostas Orçamentárias para 2023 e 2024. Anexo I.

CAPÍTULO 6
Despesas globais por funções

"As estatísticas corretas nos deixam sempre falsa impressão."
Stanislaw Ponte Preta

6.1. AS MAIORES FUNÇÕES CONTRARIAM O SENSO COMUM

Neste capítulo tomamos onze (38%) das 28 funções existentes, que correspondem a 93% da despesa nacional, ou seja, de todos os entes federados. Consideramos despesa **ajustada**, isto é, desprezando as transferências entre entes federados (duplas contagens) e as operações da dívida, cuja maioria é troca de títulos vencidos por vincendos. E grande parte dos juros são pagos por novas operações de crédito e somente parte, por recursos próprios e, assim mesmo, receitas eventuais.

As funções de governo, cujas despesas mais crescem e que têm maior peso na despesa pública, **não são as do senso comum**. Os gastos que mais avultam a despesas nacional estão em **quatro funções sociais**. Praticamente 70% da despesa nacional ajustada é destinada à seguridade social, com 54,3% (Previdência,32,8%; Assistência Social, 6,6%; e Saúde, 14,9%); e Educação, com 15,4%, demonstrados na Tabela 6.1. No entanto, outras funções que não tem tanta representatividade no total da despesa, formam altos gastos em valores absolutos, e são, muitas vezes, as que contêm as maiores injustiças. Está de acordo com aquele ditado popular que afirma: "São os frascos pequenos que contêm o maior veneno".

Dos benefícios previdenciários e sociais, abonos e salário-desemprego, praticamente, 50% é vinculada ao salário-mínimo. A isso se

TABELA 6.1 | Funções selecionadas: variação real * no período 2010-2022

N.º	Funções selecionadas	Variação em 12 anos				Partic. 2022	Parciais
		União	Estados	Municípios	Total		
1	Previdência Social	19,9%	50,1%	108,2%	27,8%	32,8%	
2	Assistência Social	120,9%	27,1%	36,6%	99,4%	6,6%	
3	Saúde	10,1%	20,0%	50,8%	28,0%	14,9%	54,3%
4	Legislativa	−38,7%	−2,8%	19,2%	−3,7%	1,3%	
5	Judiciária	−19,8%	11,5%	43,4%	−2,7%	2,6%	
6	Essencial à Justiça	−31,9%	20,1%	44,7%	4,4%	1,0%	
7	Administração	−35,6%	−13,5%	19,2%	−3,6%	4,8%	9,8%
8	Educação	16,4%	5,1%	52,3%	25,7%	15,4%	
9	Transportes	−72,7%	−8,0%	−34,6%	−34,6%	4,1%	
10	Segurança Pública	−36,9%	−8,0%	14,2%	14,2%	6,8%	
11	Defesa Nacional	22,7%	0,0%	−15,1%	22,7%	2,5%	28,9%
	Total	16,5%	16,8%	29,4%	19,8%		92,9%

Fonte: Balanço do Setor Público Nacional.
(*) Pelo deflator implícito do PIB.

acresce o crescimento vegetativo, em torno de 2,5% e 3% ao ano. Nos últimos anos, o salário-mínimo só recebeu reajustes pela variação do INPC; isso explica, em grande parte, o decréscimo real da despesa no último biênio. No período de 2010-2022 a Previdência na União cresceu praticamente 20% em termos reais.

Nos Estados e Municípios os aumentos da Previdência Social devem-se aos servidores públicos. As últimas reformas têm segurado um pouco esse crescimento, mas o enorme prazo de transição tem impedido que isso aconteça mais rápido. Além disso, a reforma de 2019 não foi geral, ficando a cargo dos entes subnacionais fazerem em sua área, o que uma grande parte não fez ou fez de forma insuficiente. Isso foi **irresponsabilidade** do Congresso Nacional, que se preocupou com a perda de votos, negligenciando o futuro do País.

Para as mudanças na Previdência demora-se demais e, quando se muda alguma regra, enche-se de exceções ou transições e, anos depois, aprovam-se contrarreformas. E isso está nos levando a um caminho sem volta, porque estamos numa **transição demográfica acentuada**, com o bônus demográfico chegando ao fim, e nos conduzindo ao irreversível envelhecimento populacional.

A taxa de natalidade vem caindo assustadoramente, ao mesmo tempo em que a população continua aumentando sua expectativa de vida, produzindo envelhecimento pela base e pelo topo.

A assistência social quase dobrou de valor em 12 anos, tendo contribuído muito para isso o enfrentamento da Covid-19 e os aumentos excessivos do Bolsa Família (e Auxílio Brasil). Esse enorme crescimento se verificou em todos os entes federados, com destaque para a União (120,9%). A despesa com a saúde cresceu muito, sendo mais nos Municípios (50,8%). Da mesma forma, a educação, com um crescimento de 52,3% nos Municípios. O grande problema é a grande queda na função transporte, com −72,7% na União; nos Estados −8% e nos Municípios − 34,6%. A função Defesa Nacional cresceu 22,7%, na União, talvez influenciada pelos aumentos salariais dos servidores militares.

Outra função que aumentou demasiadamente nos Estados e nos Municípios foi a **Essencial à Justiça**, com 20,1% e 44,7%, respectivamente. Nos Municípios, o valor é reduzido (0,03% da despesa nacional). O que houve foi um alto crescimento dessa despesa, mesmo que ela seja relativamente reduzida, face às outras despesas, nos últimos anos. Já nos Estados, houve grande aumento salarial dos membros do Ministério Público, cuja despesa é alocada nessa função. A seguir tratamos melhor desse fato.

Tabelas analíticas

Destacamos que parte do levantamento da despesa em planilhas analíticas encontra-se no Anexo deste livro, para dirimir algumas dúvidas ou se o leitor quiser fazer uma verificação melhor.

6.2. DESPESA POR ENTES FEDERADOS – SÍNTESE

Os entes federados apresentaram um aumento de gastos em 12 anos que, atualizados pelo deflator implícito do PIB para 2022, foi de 19,8%, numa taxa anual de 1,5%. No mesmo período, o crescimento médio do PIB foi de 0,9%. Nos entes federados, o crescimento real anual dos gastos foi de 1,3% na União; 1,3% nos Estados; e 2,2% nos Municípios. Por isso, o país entrou nesse processo de déficits recorrentes e endividamento perpétuo.

Nesse período, a despesa aumentou R$ 553.889 milhões em valores de 2022 ou 5,6% do PIB. Esse valor seria bem maior se a atualização fosse pelo IPCA. O maior crescimento relativo ocorreu nos Municípios, com 29,4%, seguido pelos Estados, com 16,8% e pela União, com 16,5%, superando o PIB em todos os entes, conforme Tabela 6.2, que sintetiza as demais tabelas.

TABELA 6.2 | Entes federados – funções selecionadas (92,9% do total)
R$ milhões constantes

Entes	2010	2022	Variação	%	Taxa anual
União	1.338.395	1.559.057	220.662	16,5%	1,3%
Estados	758.285	885.952	127.667	16,8%	1,3%
Municípios	699.298	904.858	205.560	29,4%	2,2%
TOTAL	**2.795.978**	**3.349.867**	**553.889**	**19,8%**	**1,5%**
Crescimento do PIB				11,1%	0,9%

Fonte: Balanço do Setor Público Nacional; IBGE (PIB).

6.3. DESPESAS DAS PRINCIPAIS FUNÇÕES POR ENTES FEDERADOS

Em 2022, conforme já referido, a soma da seguridade social, composta por Previdência Social, Assistência Social e Saúde, em nível nacional, atingiu 54,3% da despesa, sendo, respectivamente, 32,8%; 6,6% e 14,9%. Se acrescermos Educação, com 15,4%, tal soma vai para 69,70% da despesa ajustada. Acrescendo-se a Segurança Pública (6,8%), essas cinco funções, com 76,5%, superam ¾ da despesa nacional. Se incluirmos administração (4,8%), seis funções atingem 81,3% (Tabela 6.1).

A Previdência Social

Cresceu em 12 anos, 27,8%, sendo na União, 19,9%, nos Estados, 50,1% e nos Municípios, 108,2%. As razões do crescimento da Previdência já foram citadas, mas merece destaque especial o crescimento nos estados e, principalmente, nos Municípios. Estados e Municípios que não aderiram à reforma de 2019, serão obrigados à nova reforma, ainda mais radical. Sabemos pela imprensa que muito mais são os Estados que fizeram a reforma da previdência, no entanto sete não fizeram. Mas nada garante que a tenham feito sem as exceções que costumam ocorrer quando se trata desse assunto. No Estado do RS, podemos atestar que foi feita uma reforma nos padrões da federal, e, ainda, com contribuição previdenciária para o pessoal militar igual à dos civis. No capítulo 3 há uma breve análise sobre ela. Se o Congresso Nacional não deixar o populismo de lado, em pouco tempo o Brasil estará inviável.

Assistência Social

Foi a função que mais cresceu, 99,4% em 12 anos, ou 5,9% ao ano. Se o PIB cresceu apenas 0,9%, o que o futuro nos reserva? E o maior crescimento foi na União, 120,9% ou 6,8% ao ano. Municípios cresceram 36,6% e Estados, 27,1%, não esquecendo que o crescimento do PIB em doze anos foi de 11,1%. As principais razões desse crescimento foi o aumento da Bolsa Família (Auxílio Brasil), após 2020 com a pandemia.

Saúde

Cresceu 28% no período de 12 anos, sendo 10,1% na União, 20% nos Estados e 50,8% nos Municípios, que, por estarem na ponta, acabam suprindo as carências dos outros entes. E, mesmo assim, durante a pandemia ficou patente a desestruturação do setor, tanto nos Estados, como nos Municípios. A Saúde precisa, ainda, de mais recursos, mas é sufocada pela previdência e assistência social, conforme visto acima. É preciso dar uma nova redação ao artigo 196 da Constituição Federal: "A saúde é um direito de todos e um dever do Estado." Isso é muito bonito, mas tem alto custo. Devia ser um direito de todos que não puderem pagar.

Isso é mais uma coisa que parece ser um bem e acaba sendo um mal para os mais necessitados, porque os melhor aquinhoados acabam arrumando meio para se tratar, enquanto os mais pobres ficam nas filas meses e até anos esperando por um exame que a escassez dos recursos não permitiu lhes oferecer.

Isso é no que dá tratar igualmente os desiguais. Aristóteles ensinava que "devemos tratar igualmente os iguais e desigualmente os desiguais, na medida de sua desigualdade".

Educação

A Educação, pela importância que tem no desenvolvimento econômico e social de uma nação, deveria ter um tratamento especial, mas, ao que parece, o mau tratamento não é só quanto aos recursos financeiros. Apesar da queda de gastos na União no último triênio, decorrente do teto do mesmo nome, ainda cresceu 16,4% neste ente federativo; 5,1% nos Estados e 52,3% nos Municípios. Os altos reajustes do piso nacional do magistério devem ter influído muito nesse aumento, principalmente nos Municípios. A municipalização do ensino deve ter contribuído também. No tocante ao piso nacional do magistério, com suas implicações, é tratado no capítulo 8 deste livro. Outro aspecto que vem prejudicando a educação é o crescimento excessivo da despesa com previdência, também tratado no capítulo 4, embora a despesa conste na função própria.

O economista Samuel Pessôa publicou um artigo muito interessante na revista *Conjuntura Econômica* de julho de 2023, p.11-14, sob o título "Por que somos tão improdutivos?" Ele parte de um estudo da revista inglesa *The Economist*, que pergunta por que os trabalhadores latino-americanos são tão improdutivos. Continuando, o economista disse que a revista foi no que interessa. "A compreensão do subdesenvolvimento brasileiro passa poder compreender nossa improdutividade. Uma hora trabalhada no Brasil gera cinco vezes menos do que uma hora trabalhada nos EUA."

Dando continuidade, a revista procurou responder quanto de nossa improdutividade estava no **trabalhador ou no entorno**. O entorno compreende a gestão das empresas e das instituições que estabelecem a regulação das empresas com elas mesmas e com o Estado, além das regras que estabelecem o funcionamento do Estado.

Continua o articulista que os fatores atribuídos ao trabalhador explicam 50% das diferenças de produtividade; os outros 50% ao entorno. Os fatores embutidos são as habilidades cognitivas e as habilidades socioemocionais que afetam a produtividade de cada pessoa. Ambas dependem da escolaridade básica de qualidade.

Essa escolaridade em grande parte é prejudicada pelas carências operacionais, para o que contribui, sobremaneira, o **alto gasto com previdência**, que absorve mais da metade dos recursos que poderiam ser destinados à educação em muitos Estados e nos Municípios. E esse alto gasto com previdência decorre de imprevisões do passado quanto a políticas concessivas, que hoje estão cobrando sua conta.

O artigo tem como as causas elencadas a péssima qualidade da educação pública básica, gestão ruim das empresas e má alocação do investimento.

O mais estarrecedor do artigo é que, segundo avaliação do Pisa, os 10% dos piores alunos vietnamitas têm desempenho melhor que os 10% melhores brasileiros. Vietnã, país cuja renda *per capita* é hoje 75% da brasileira e há duas décadas era 30%. Com essa educação, se não melhorar e muito, continuaremos a ser subdesenvolvidos.

Função Transporte

A função Transporte merece um tratamento especial por sua importância e pela queda contínua que vem ocorrendo nas aplicações de recursos.

"Governar é abrir estradas." Este era o lema da campanha eleitoral de 1920 do Presidente Washington Luís. Tomando como verdadeiro esse lema, podemos dizer que o Brasil não vem sendo bem governado. Nem vamos retroceder a décadas passadas, quando se investiu muito em Transporte. Ficamos com o marco inicial 2010, para seguir a ordem deste estudo. Pois nesse ano, a Função Transporte foi 7,6% da despesa nacional. Em 2022 foi 4,1% (Gráfico 6.1). As aplicações caíram no período 72,7% na União, 8% nos Estados e 34,6% nos Municípios.

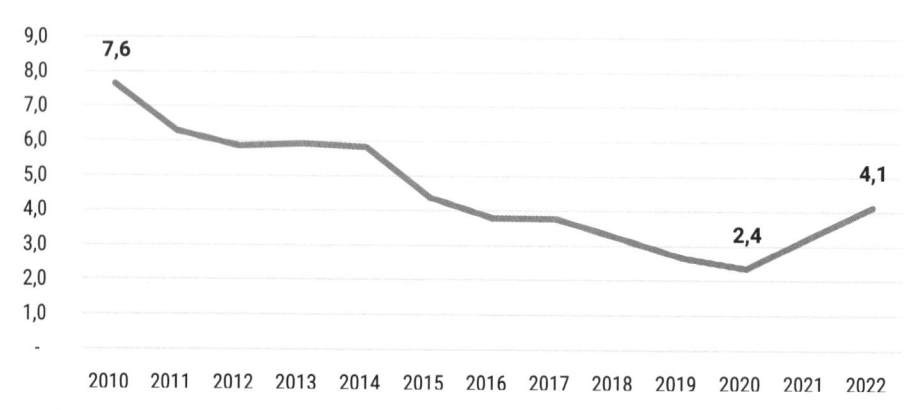

GRÁFICO 6.1 | Despesas da função Transporte em % da despesa ajustada.
Fonte: Balanço do Setor Público Nacional.

Não culpamos só os gestores. O aumento das despesas com Previdência, e outras, privilégios e juros da dívida, retiram os recursos de outras áreas, além de aumentar o endividamento público, na ausência de superávit primário.

6.4. OS GRANDES NÚMEROS ESCONDEM O QUE CONTÊM OS PEQUENOS

Mesmo que tenham apresentado queda real nos últimos 12 anos e também na participação, o conjunto de funções Legislativa, Judiciária, essencial à Justiça e à Administração tiveram em 2022 uma participação de 9,8% na despesa nacional, tendo caído, com algumas oscilações, a partir de 2019. Os maiores aumentos se verificaram nos Estados e Municípios, principalmente nestes últimos. No entanto, na União, surpreendentemente, elas decresceram em termos reais nos últimos doze anos (Tabela 6.1).

Os valores dessas funções parecem reduzidos quando se calcula sua participação relativa, porque o orçamento do Brasil é muito grande, mas quando vistos isoladamente, tem-se uma ideia de sua grandeza. No capítulo 5, que trata do orçamento federal, na parte das emendas parlamentares, esse assunto é tratado com mais detalhes.

São enormes gastos com essas funções, que alcançaram R$ 351,8 bilhões em 2022. Para efeito de comparação, os gastos com essas quatro funções correspondem a 2,4 vezes o que é gasto com Transportes, sendo 6 vezes na União, 2,5 vezes nos Estados e 1,6 vez nos Municípios (Tabela 6.3).

TABELA 6.3 | Quatro funções destacadas e a função Transporte

Entes	Legislativa	Judiciária e ESS. Justiça	Administração	Total	Transporte	Razões
	1	2	3	4=(1+2+3)	5	4/5
União	7.007	43.772	26.187	76.966	12.847	6,0
Estados	21.900	82.313	49.471	153.684	61.843	2,5
Municípios	19.727	3.498	97.903	121.128	74.690	1,6
Total	48.634	129.583	173.561	351.778	149.380	2,4
% Despesa	1,3%	3,6%	4,8%	9,8%	4,1%	

Fonte: Balanço do Setor Público Nacional.
Atualizado p/2022 deflator implícito do PIB.

6.5. ABUSOS DA JUSTIÇA: ACABEM COM ISSO

Não é um trocadilho, mas a manifestação de uma verdade: a justiça tem se tornado o protótipo das **injustiças**.

No ano corrente, o Plano Real completa 30 anos e, há bem pouco tempo, os tribunais e os demais órgãos ligados à Justiça, ainda receberam altas indenizações pelos *erros* das conversões de URV para real. Exatamente quem devia combater essas práticas sãos os primeiros a adotá-las. Há algum tempo ouvimos essa afirmativa, que achamos interessante: "As instituições acabam tomando a forma daquilo que se destinam combater". É uma afirmação pesada, mas que a realidade do momento tem confirmado.

Volta das vantagens por tempo de serviço

Ainda está em debates, mas as **vantagens por tempo de serviço** que foram trocadas pelos subsídios, diante de uma série de argumentações justas que pareciam sinceras, agora voltam a ser reivindicadas por membros da Justiça, em alguns Estados, o que logo em seguida estará generalizado. E o teto salarial não será mais respeitado, o que, aliás, só é cumprido no Poder Executivo. Já passou a hora de colocar uma trava nisso, porque os recursos públicos estão cada vez mais escassos para o atendimento das inúmeras necessidades da população, a maioria carente.

Os jornais, no que parece, começaram a se dar conta do que está acontecendo: o *Estadão* de 14 de janeiro do corrente (2024) traz uma matéria informando que "47,3% dos promotores e procuradores públicos estaduais ganham acima do teto salarial de R$ 41.600; são 5.300 membros para um total de 11.200 (47,3%), numa despesa anual de R$ 8,3 bilhões. Quase a metade deles chega a receber até R$ 200 mil por mês. O volume de gastos não é tão significativo, porque seu número é reduzido, quando comparado cm os 35 milhões de beneficiários do INSS. ou com o total de servidores públicos das demais áreas."

O mesmo jornal, em 24 de janeiro do mesmo mês e ano, publica uma matéria sob o título: "Tribunais no Brasil têm custo acima da média global e consomem 1,6% do PIB". Nela aborda que em 53 países examinados, a média internacional é 0,37% do PIB e nos países em desenvolvimento, como o Brasil, foi de 0,5%, em 2021. Existe um teto de remuneração, mas criam vários subterfúgios, penduricalhos e acabam se escapando dele. E reclamar para quem, se quem vai julgar é o maior beneficiário dessas benesses? Precisa dizer mais?

6.6. INVESTIMENTOS QUE NÃO NOS LEVAM A LUGAR NENHUM

Investimento é o mesmo que formação bruta de capital fixo (FBCF). Então, taxa de investimentos é FBCF/PIB.

Os investimentos do setor público nacional (União, Estados e Municípios) que compõem a Tabela 6.4 estão tomados em sentido amplo, porque englobam as inversões financeiras. Segundo a natureza da despesa, podem ser máquinas e instalações, equipamentos e material permanentes e serviços, além das inversões citadas. Eles estão subsumidos nas funções, mas estão sendo tomados separadamente, pela sua importância econômica. O poder público vem cada vez reduzindo mais sua participação nos investimentos nacionais, porque o excesso de gastos em certas funções, como os acima tratados, acaba comprimindo os recursos que poderiam ser aplicados em investimentos, dificultando o crescimento econômico.

Acaba havendo um *trade-off* entre investimentos e previdência e também os juros, só que estes últimos são consequências dos déficits, que, por sua vez, são causados pelo excesso de gastos.

Os investimentos nacionais, em proporção do PIB, foram de 17,92% em 2021; 17,80% em 2022 e 16,60% no terceiro trimestre de 2023 e 16,14% no quarto trimestre, segundo o Ipea-Data – Sinopse macroeconômica. É consenso entre os economistas que para alcançar um crescimento satisfatório, em torno de 4% ao ano, seria necessário um percentual de 25% do PIB.

A parte da renda que é poupada, teoricamente, é aplicada em investimentos. Os investimentos do período *n-1* é que vão gerar o PIB

TABELA 6.4 | Investimentos do setor público, 2021 e 2022
Em R$ milhões correntes

Anos	União	Estados	Municípios	Total	PIB %
2021	22.116	94231	58.460	174.807	2,0%
2022	25.225	124360	102.360	251.945	2,5%

Fonte: RTN, Tabela 2.3 e Boletim dos Entes Subnacional, 2023.

do período n. Investimento é incremento da capacidade produtiva da economia, que, junto com os outros fatores de produção, vão gerar o novo produto. Se os investimentos não aumentam e até reduzem, não há como esperar crescimento econômico.

6.7. ENCARGOS ESPECIAIS, DESPESA AJUSTADA E JUROS NOMINAIS

Na análise de funções não poderíamos deixar de fora uma função que corresponde a 43% da despesa bruta total. Estamos nos referindo aos **Encargos Especiais**, onde são registrados os refinamentos da dívida, no caso da União, o serviço da dívida e as transferências por repartição da receita da União aos Estados e Municípios e dos Estados para estes últimos. Desse grupo apenas o serviço da dívida é propriamente despesa.

Os demais itens são duplas contagens entre esferas de governo ou contrapartidas de empréstimos contraídos na rolagem da dívida, que corresponde à troca de títulos vencidos por vincendos. Isso provoca confusão na cabeça dos leitores, que devem se questionar como pode a despesa nacional ser da ordem de 6,3 trilhões quando o PIB foi de R$ 9,9 trilhões, ou seja, 63,6% dele, sendo que a carga tributária corresponde a pouco mais de 33%, ou seja, a metade (Tabela 6.5).

Temos que ter cuidado com os números, que podem nos conduzir a conclusões inverídicas, como foi visto no gráfico das meias-verdades, antes tratado. Vale repetir um pensamento de nosso ex-presidente Itamar Franco: "Há um ditado que diz que os números não mentem. Mas os mentirosos fabricam números."

Na realidade, os juros nominais apropriados ao setor público (apropriados, porque a maioria é rolada) foram em 2022 na ordem de 586,4 bilhões, correspondente a 18,5% dos Encargos Especiais (Tabela 6.6). Esse assunto já foi abordado no capítulo 5, que trata do orçamento federal.

Em proporção do PIB, os juros mantiveram no período 2010-2022 um percentual alto, de 5,5%, em média. No entanto, eles são mais ou menos constantes, com pequenas oscilações anuais.

TABELA 6.5 | Despesa consolidada nacional, 2010-2022

Anos	Despesa total	Encargos especiais*	Despesa ajustada	Em %		
				A	B	C
	A	B	C	D. total	E. especiais	Ajustada
2010	2.262.909	960.337	1.302.572	100,0	42,4	57,6
2011	2.483.163	1.079.898	1.403.265	100,0	43,5	56,5
2012	2.704.198	1.152.363	1.551.835	100,0	42,6	57,4
2013	2.897.728	1.125.158	1.772.570	100,0	38,8	61,2
2014	3.322.173	1.436.040	1.886.133	100,0	43,2	56,8
2015	3.529.371	1.447.989	2.081.382	100,0	41,0	59,0
2016	3.819.334	1.619.677	2.199.657	100,0	42,4	57,6
2017	3.811.974	1.465.310	2.346.664	100,0	38,4	61,6
2018	4.111.277	1.605.897	2.505.380	100,0	39,1	60,9
2019	4.250.453	1.657.106	2.593.347	100,0	39,0	61,0
2020	5.210.437	2.088.155	3.122.282	100,0	40,1	59,9
2021	5.777.456	2.676.624	3.100.832	100,0	46,3	53,7
2022	6.314.133	2.710.028	3.604.105	100,0	42,9	57,1

Fonte: Balanço do Setor Público Nacional.
(*) São refinanciamentos da dívida, serviço da dívida e transferências entre entes da Federação.

TABELA 6.6 | Juros nominais, 2010-2012

Ano	Nível federal	Demais entes	Setor público	Em % do PIB			PIB
	A	B	C	A	B	C	
2010	124.271	71.098	195.369	3,2%	1,8%	5,0%	3.885.847
2011	180.787	55.886	236.673	4,1%	1,3%	5,4%	4.376.382
2012	147.415	66.448	213.863	3,1%	1,4%	4,4%	4.814.760
2013	185.499	63.357	248.856	3,5%	1,2%	4,7%	5.331.619
2014	250.842	60.538	311.380	4,3%	1,0%	5,4%	5.778.953
2015	397.426	104.360	501.786	6,6%	1,7%	8,4%	5.995.787
2016	318.082	88.942	407.024	5,1%	1,4%	6,5%	6.269.328

(Continua)

(Continuação)

Ano	Nível federal	Demais entes	Setor público	Em % do PIB			PIB
	A	B	C	A	B	C	
2017	340.968	59.858	400.826	5,2%	0,9%	6,1%	6.585.479
2018	310.458	68.726	379.184	4,4%	1,0%	5,4%	7.004.141
2019	310.007	57.275	367.282	4,2%	0,8%	5,0%	7.389.131
2020	266.703	45.724	312.427	3,6%	0,6%	4,2%	7.467.616
2021	406.728	41.663	448.391	4,7%	0,5%	5,2%	8.603.044
2022	500.064	86.363	586.427	5,0%	0,9%	5,9%	9.915.316
Média sobre PIB				4,4%	1,1%	5,5%	

Fonte: https://www.bcb.gov.br/estatisticas/tabelasespeciais

REFERÊNCIAS

BANCO CENTRAL DO BRASIL – Tabelas especiais. Disponível em: https://www.bcb.gov.br/estatisticas/tabelas especiais

Jornal Estado de São Paulo – Estadão. Matéria de 14/01/2024. Quase metade dos procuradores rompe teto salarial de R$ 41,6 mil. Disponível em: https://www.estadao.com.br/politica/ministerio-publico-paga-supersalario-a-quase-metade-dos-procuradores-estaduais/

IPEADATA - Sinopse macroeconômica

MINISTÉRIO DO PLANEJAMENTO E GESTÃO – Proposta Orçamentária para 2024.

PESSOA, Samuel. Revista *Conjuntura Econômica* de julho/2023. Artigo: Por que somos tão improdutivos?

SANTOS, Darcy Francisco Carvalho dos. Orçamento Federal para 2024 nada animador. Disponível em: https://financasrs.com.br/2023/12/24/orcamento-federal-para-2024-nada-animador-emendas-e-fundo-eleitoral-igual-a-soma-de-55-dos-orgaos-federais/

STN – Balanço do Setor Público Nacional. Disponível em: https://www.tesourotransparente.gov.br/temas/contabilidade-e-custos/balanco-do-setor-publico-nacional-bspn

Tabelas auxiliares do cálculo por ente federativo e cálculo do deflator ismplícito do PIB – em poder do autor.

CAPÍTULO 7

Redução das alíquotas de impostos e seu efeito na arrecadação

O efeito da redução das alíquotas na arrecadação se presta às mais variadas interpretações, até que aumenta a arrecadação por causa da curva de Laffer. Os que pensam assim não se dão conta de que a curva pressupõe uma fase de crescimento, outra de estabilização, para, então, começar a de declínio. Isso é visto logo adiante.

Se uma redução de alíquota imediatamente gerasse aumento de arrecadação, estaríamos no melhor dos mundos; todos pagando pouco e arrecadando o máximo. O que ocorre, mas não é imediato, é um aumento na renda disponível da sociedade, quando se reduz imposto e isso pode reverter em aumento de arrecadação, mas é com o decorrer do tempo.

Vamos aos números e sua evolução, que é a melhor maneira para demonstrar o resultado de um fenômeno. José Ortega Y Gasset disse que o único método de pensamento que proporciona um acerto em seu tratamento é a razão histórica. Isto é, o observar os fatos no tempo.

Para isso, elencamos adiante situações ocorridas que explicam o que acontece com a arrecadação quando do aumento ou da redução de alíquotas. O que acontece imediatamente e o que ocorre com o passar do tempo.

Alberto Alesina e Francesco Giavazzi, ob. cit., defendem a redução de impostos; e dizem que cortes na despesa têm muito mais hipóteses de perdurar do que aumentos de impostos. A certa altura pergunta: "Poderá a Europa permitir-se uma redução gradativa de impostos? Sim, mas só se essa redução for acompanhada por cortes compensadores na despesa do Estado. Terão todos esses cortes na despesa consequências econômicas adversas? E serão politicamente exequíveis?"

Os autores citados dizem também: "Frequentemente, os países que não crescem o suficiente e que precisam de reformas veem-se limitados por causa de suas finanças públicas. Por um lado, têm déficits; por outro, alguns remédios necessários, como a redução de impostos, podem agravar os déficits".

Depois, trata das dificuldades de reduzir despesas e das consequências políticas em fazer. Cita o problema das pensões.

Reduzir impostos é o ideal, mas a redução deve ser feita na medida em que as despesas são reduzidas. E, como se sabe, a despesa pública é muto rígida, pelos inúmeros direitos que têm os servidores, como a estabilidade no emprego e a irredutibilidade dos vencimentos e pelo grande contingente de aposentados e pensionistas. Além disso, existe a ação dos sindicatos e as implicações políticas, muitas delas demagógicas.

Por exemplo, no Estado do RS foram eliminados anuênios, triênios, quinquênios, adicionais de 15 e 25 anos, foi feita alteração da lei do magistério público e a reforma da previdência igual à federal, e até mais radical no tocante ao pessoal militar. No entanto, uma grande seca e a redução de alíquotas do ICMS provocaram grande redução na arrecadação, voltando os déficits operacionais.

7.1. ARRECADAÇÃO DO ICMS DOS ESTADOS NO PERÍODO 2012-2023

A Tabela 7.1 mostra a arrecadação de ICMS dos Estados, tendo nesse período ocorrido duas grandes quedas, em 2015 e 2016, de 16,9% e 3,8%, respectivamente, em decorrência da recessão da economia ocorrida.

Depois essa queda se repetiu em 2020, com a pandemia da Covid-19, e em 2022, com a redução das alíquotas, cujo percentual da arrecadação foi de −1,1% e −3,5%, respectivamente.

TABELA 7.1 | Arrecadação do ICMS dos Estados
Em R$ milhões

Ano	ICMS (correntes)	Fator IPCA	ICMS (Preços 2023)	RELATIVOS Valor real	Taxa anual
2012	322.463	1,90283	613.591	100,0	
2013	356.203	1,79167	638.197	104,0	4,0%
2014	379.920	1,68502	640.174	104,3	0,3%
2015	344.278	1,54547	532.071	86,7	−16,9%
2016	360.082	1,42126	511.771	83,4	−3,8%
2017	385.467	1,37391	529.598	86,3	3,5%
2018	410.358	1,32534	543.864	88,6	2,7%
2019	435.744	1,27765	556.726	90,7	2,4%
2020	445.007	1,23789	550.869	89,8	−1,1%
2021	558.087	1,14300	637.893	104,0	15,8%
2022	588.467	1,04594	615.499	100,3	−3,5%

Fonte: Boletins de Finanças dos Entes Subnacionais, dos anos 2016, 2019 e 2023.

7.2. EVOLUÇÃO DOS PRODUTOS SELETIVOS NA COMPOSIÇÃO DO ICMS

A arrecadação proveniente dos produtos seletivos (combustíveis, comunicação e energia elétrica) vem perdendo importância há vários anos no caso do RS. Como se trata de uma participação relativa, a queda do período se deve também ao aumento da arrecadação de outras áreas. Conforme se nota no Gráfico 7.1, ocorreu um leve aumento em 2016, quando houve o primeiro aumento de alíquotas, cujo efeito foi reduzido pela queda nas comunicações, decorrente da intensificação do uso dos *e-mails* e do WhatsApp.

Uma redução de alíquotas da dimensão que ocorreu em 2022 não poderia deixar de provocar grande efeito na arrecadação. Foi uma redução de 25% para 17% nos produtos seletivos, o que corresponde a oito pontos percentuais em 32% da arrecadação, que corresponde

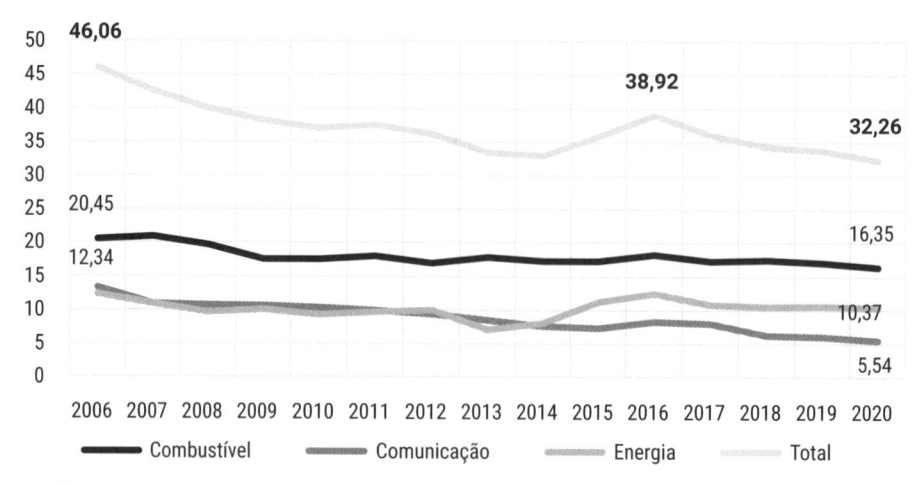

GRÁFICO 7.1 | Evolução dos produtos seletivos no ICMS (%), no RS.
Fonte: Dados brutos: Pareceres Prévios do TCE.

a 10,24%, assim calculado: perda teórica = 8/25 x 32% = 10,24%. Convém salientar que na condição de produtos seletivos havia outros também, como bebidas.

Deve ser considerado que o óleo *Diesel*, não foi atingido pela medida, por já estar tributado por uma alíquota menor. Frisamos que o dado tomado é do Estado do RS, mas acreditamos ser semelhante nos demais Estados. Além disso, houve os efeitos na TUSD e TUST, adiante tratados.

Isso não quer dizer que com o passar do tempo essa arrecadação não venha a ser restabelecida. Por isso essa queda brusca poderia ter sido evitada, caso essa redução tivesse sido feita **de forma escalonada**.

A redução das alíquotas dos **dois últimos** itens teve origem na ação impetrada pelas Lojas Americanas, de Santa Catarina (RE 714.139); por serem itens essenciais, não poderiam sofrer tributação diferenciada, devendo ser aplicada a eles alíquota geral. O pleito foi julgado procedente pelo STF, que declarou a inconstitucionalidade na cobrança de alíquotas maiores (Tema 745). No entanto, foi estabelecida uma modulação para que passasse a vigorar a partir de 2024.

Posteriormente a isso foi editada a **Lei Complementar n.º 194, de 23/06/2022**, que aumentou a abrangência da decisão do STF, e antecipou sua vigência para a data de sua publicação, na mesma data da lei. Seu art.1.º e parágrafo único, item I, assim dispõe:

> Art. 1.º A Lei n.º 5.172, de 25 de outubro de 1966 (Código Tributário Nacional), passa a vigorar acrescida do seguinte art. 18-A:
> "Art. 18-A. Para fins da incidência do imposto de que trata o inciso II do *caput* do art. 155 da Constituição Federal, **os combustíveis, o gás natural, a energia elétrica, as comunicações e o transporte coletivo** são considerados bens e serviços essenciais e indispensáveis, que não podem ser tratados como supérfluos (destacamos).
> Parágrafo único. Para efeito do disposto neste artigo:
> I – é vedada a fixação de alíquotas sobre as operações referidas no *caput* deste artigo em patamar superior ao das operações em geral, considerada a essencialidade dos bens e serviços.

Além disso, a mesma LC reduziu a base de cálculo do ICMS sobre a Tarifa de Uso do Sistema de Transmissão de Energia Elétrica (TUST) e a Tarifa de Uso do Sistema de Distribuição (TUSD), gerando perdas também.

No entanto, essa redução da base de cálculo durou pouco tempo, em decorrência da reclamação dos Estados pela grande redução que provocou no valor do ICMS recolhido sobre energia elétrica, que, segundo alguns cálculos, seria de 50%. A redução deixou de existir em 13/03/2024, por decisão do STF, que entendeu que as tarifas de TUSD e TUST integravam a base de cálculo do ICMS.

Reviravolta no ICMS sobre combustíveis

O ICMS sobre combustíveis passou a ser calculado mediante a metodologia AD-REM, uma incidência de um valor fixo por litro, em decorrência de convênios do Conselho de Política Fazendária – CONFAZ, formado por todos os secretários da Fazenda dos Estados e do Distrito Federal. A gasolina foi fixada em R$ 1,22 por litro a partir de 01/06/2023 e o óleo *diesel* e *biodiesel* em R$ 0,9456, a partir de 01/05/2023.

Esses valores foram corrigidos em 12,5% a partir de 1.º de fevereiro de 2024, passando a ser os seguintes:

Gasolina: R$ 1,3721 por litro
Diesel: R$ 1,0635 por litro
Gás de cozinha: R$ 1,4139 por quilo

Esses valores fixos acrescidos ao dos produtos produzem percentuais iguais ou até maiores (caso do *Diesel*) ao das alíquotas originais que acabaram de ser reduzidas. Isso explica, em parte, a melhora da arrecadação no primeiro trimestre de 2024, ao que deve ser dado um desconto, em decorrência da baixa base de comparação do mesmo período do ano anterior.

7.3. ARRECADAÇÃO TRIBUTÁRIA POR ESTADO, DE 2019 A 2022

A Tabela 7.2 apresenta a receita tributária (impostos, taxas e contribuição de melhoria) dos Estados de 2019 a 2022 e o crescimento nominal entre 2021 e 2022 e 2019 e 2022. Os tributos estão assim englobados, porque a fonte consultada (SICONFI) não oferece o ICMS separadamente.

A grande queda ocorreu em 2020 (ano da pandemia) e a grande recuperação em 2021.

Houve Estados com grande queda na arrecadação. No caso do Estado do RS, que decresceu 12,3% entre 2021/22 e 27,9% em 2019/22. O Estado sofreu enormes secas durante três anos, com grandes perdas na produção agropecuária, sendo a principal a de 2022, quando provocou uma queda na produção agropastoril de 45,6% e de 5,1% no PIB estadual, segundo o DEE/RS.

Muitos Estados perderam muita arrecadação, cujas causas devem ter ido além da redução das alíquotas, nos períodos 2022/2021 e 2022/2019, sendo, respectivamente: CE (–25,7%; –22,1%); DF (–4.4%; –11,7%); MG (–28,0%; –18,3%); RS (–12,3%; –27,9%).

TABELA 7.2 | Impostos, taxas e contribuições de melhoria dos Estados, 2019 a 2022
Em R$ milhões atualizados para 2023 pelo IPCA

UF	2019	2020	2021	2022	Variações	
					2021-2022	2019-2022
AC	2.122,2	2.066,5	2.346,7	2.368,3	0,9%	11,6%
AL	4.560,7	4.737,2	5.154,9	5.350,2	3,8%	17,3%
AM	12.575,8	13.173,3	14.407,2	14.368,7	-0,3%	14,3%
AP	1.549,3	1.183,7	1.490,2	1.349,0	-9,5%	-12,9%
BA	33.512,4	32.729,1	36.784,7	36.798,0	0,0%	9,8%
CE	18.584,7	17.618,4	19.486,1	14.481,9	-25,7%	-22,1%
DF	21.185,4	21.445,6	19.554,3	18.701,6	-4,4%	-11,7%
ES	10.980,6	11.047,8	12.880,0	13.051,6	1,3%	18,9%
GO	19.981,9	19.286,5	22.693,6	22.244,5	-2,0%	11,3%
MA	8.073,0	8.043,3	8.862,8	9.342,6	5,4%	15,7%
MG	75.014,1	74.315,4	85.080,8	61.298,0	-28,0%	-18,3%
MS	8.995,9	10.085,9	11.139,4	11.334,2	1,7%	26,0%
MT	11.429,2	12.435,4	15.549,5	15.409,9	-0,9%	34,8%
PA	17.390,4	18.676,3	20.667,2	18.550,1	-10,2%	6,7%
PB	5.888,8	5.956,2	6.691,4	6.563,7	-1,9%	11,5%
PE	23.677,0	23.185,1	25.253,1	24.650,8	-2,4%	4,1%
PI	4.865,6	4.805,7	5.292,7	5.154,2	-2,6%	5,9%
PR	43.279,5	30.117,7	33.312,0	33.833,3	1,6%	-21,8%
RJ	45.628,3	45.264,0	49.393,7	46.276,2	-6,3%	1,4%
RN	6.181,5	6.104,8	6.656,1	6.418,9	-3,6%	3,8%
RO	4.045,1	4.221,9	4.983,7	4.868,8	-2,3%	20,4%
RR	1.282,4	1.310,3	1.823,0	1.570,1	-13,9%	22,4%
RS	50.688,3	35.886,2	41.676,4	36.550,9	-12,3%	-27,9%
SC	23.230,8	23.042,6	25.662,8	28.002,8	9,1%	20,5%
SE	3.694,4	3.604,3	4.230,5	4.268,7	0,9%	15,5%

(Continua)

(Continuação)

UF	2019	2020	2021	2022	Variações	
					2021-2022	2019-2022
SP	236.723,3	230.544,6	261.566,4	264.317,4	1,1%	11,7%
TO	3.551,2	3.844,0	4.226,9	4.289,2	1,5%	20,8%
TOTAL	698.692,0	664.731,8	746.865,9	711.413,8	-4,7%	1,8%

Fonte: Tesouro Nacional – SICONFI.

Muitos Estados, como MT, RR, SC, SE, SP, TO, entre outros, cresceram a arrecadação em 2022, mas numa dimensão muito menor que a do período 2019-2022.

7.4. LEI KANDIR: ASSUNTO ANTIGO, MAS É IMPORTANTE RECORDÁ-LO

Quando ocorre uma redução de alíquota, o normal é que em seguida ocorra uma redução de arrecadação, mesmo que depois a situação se equilibre e até possa aumentar, porque aumenta a renda da sociedade, conforme já citado.

Isso pode ser mostrado empiricamente com os gráficos do Brasil e de sete Estados selecionados, onde esse fato é patente. A Lei Complementar n.º 87/1996 (Lei Kandir) começou a vigorar em novembro de 1996, gerando, praticamente, seus efeitos em janeiro de 1997.

No Brasil, representado pela reunião de todos os Estados, observa-se a queda na razão ICMS/PIB a partir de 1997, indo até 1999, durante três ou quatro anos, recuperando-se a partir de 2000/2021. Nos sete Estados selecionados o fenômeno é parecido, apenas com as divergências de praxe. O Gráfico 7.2 mostra a razão arrecadação do ICMS/PIB de cada com a razão de 1995, quando não havia a lei.

Os gráficos em causa mostram que as perdas da Lei Kandir, tão alegadas pelos Estados, só ocorreram nos primeiros anos, porque a razão ICMS/PIB voltou aos patamares anteriores do início de vigência da lei.

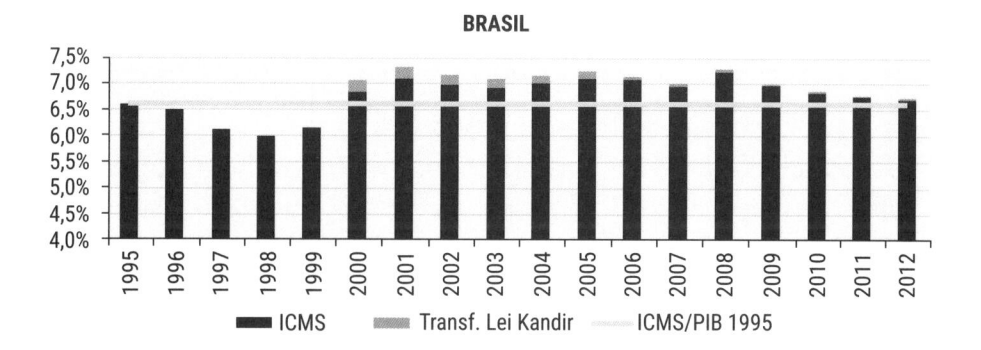

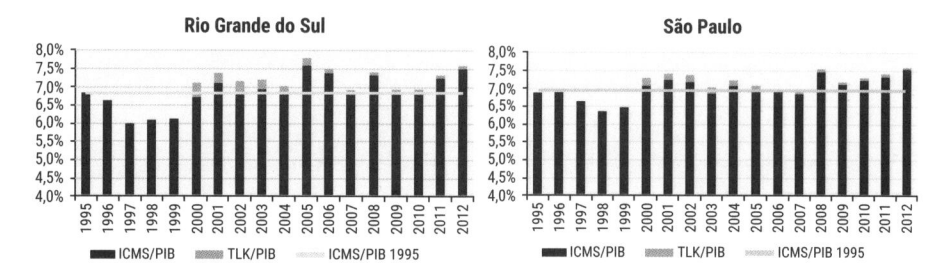

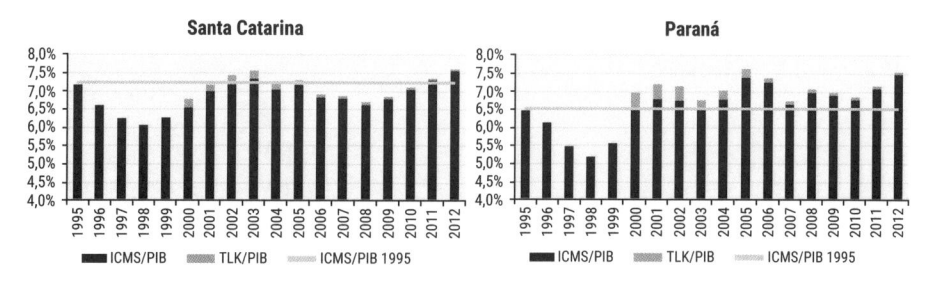

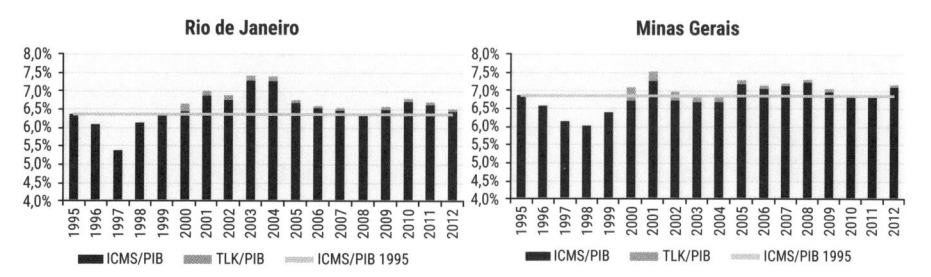

GRÁFICO 7.2 | ICMS e transferências da Lei Kandir/PIB, 1995-2012.
Fonte: Instituto Brasileiro de Geografia e Estatística.
Sequência: Anual de 1939 até 2012. Atualizado em: 10/03/2015.
ICMS: Execução orçamentária Estados (até 1999) e Boletim de Finanças dos Estados-STN.

7.5. CURVA DE LAFFER, UM FENÔMENO POUCO ENTENDIDO

Esta teoria foi desenvolvida pelo economista americano Arthur Betz Laffer, nascido a 14/8/1940, ainda vivo, e estando com 83 anos. Foi assessor do Presidente Ronald Reagan e muito prestigiado pelo Presidente Donald Trump, mais recentemente.

A curva é baseada no conceito de elasticidade tributária, determinando os efeitos na arrecadação tributária proveniente de aumentos percentuais nas alíquotas dos tributos.

A concepção da curva parte do princípio de que se a alíquota for zero, o governo nada arrecada. No entanto, se a alíquota for 100%, o governo também não arrecadará nada. A questão está em saber em que ponto da curva estamos. E isso é muito difícil saber.

O Gráfico 7.3 ilustra como o fenômeno acontece. Na linha horizontal do gráfico estão as alíquotas hipotéticas e na linha vertical as arrecadações tributárias também hipotéticas.

O gráfico é autoexplicável; à medida que se aumentam as alíquotas (t_1, t_*,..t_{max}), aumenta a arrecadação, que vai de T_1 para T max. A

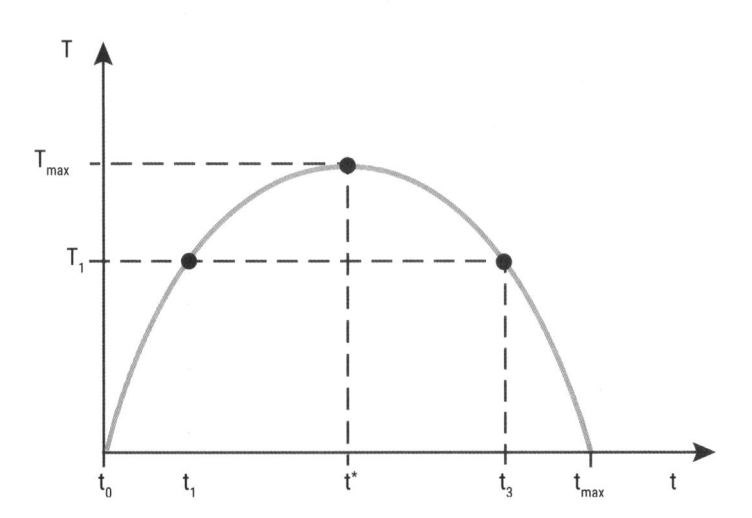

GRÁFICO 7.3 | Demonstração gráfica da curva de Laffer.
Fonte: Tiago Reis15/06/2018 00:46. Atualizado em: 31/03/2023.
Retirado da Internet /Wikipedia.

partir desse ponto (t_3 e t_{max}), os aumentos das taxas produzem efeito contrário, ou seja, a redução de arrecadação, como de Tmax para T_1. Isso significa que em todo aumento da alíquota a partir de t_* a arrecadação decresce.

Não necessariamente se trata de uma curva normal; a arrecadação máxima **pode estar antes ou após a alíquota "t_*", que é uma alíquota de 50%**. Mas isso varia de produto a produto, dependendo de sua elasticidade-preço ou da elasticidade-renda. No caso deixaria de ser uma curva normal e o gráfico seria inclinado para a direita se a arrecadação máxima for superior a 50%, ou inclinada para a esquerda, se arrecadação máxima for inferior a 50%.

O assunto curva de Lafer é **muito controverso**. Apenas se sabe que até uma determinada alíquota a arrecadação cresce e atinge um máximo, quando os aumentos subsequentes passam a representar queda de arrecadação.

Mas não é como dizem, que o aumento de alíquota sempre aumenta a arrecadação nem quando afirmam o contrário, que é reduzindo as alíquotas que se aumenta a arrecadação. Tudo depende da elasticidade de preço ou renda de cada produto, de cada momento ou situação e de cada país.

Paul Pecorino, economista americano, apresentou modelo matemático em 1995, prevendo que o pico da arrecadação na curva de Laffer o ocorreria quando a tributação alcançasse cerca de 65%. A fonte não deixa claro, mas deve tratar-se da alíquota do Imposto de Renda, porque esse tributo é que atingia e até superava esse patamar nos Estados Unidos. Não se trata, então, imposto sobre bens e serviços, nem tampouco da alíquota média da economia.

Outros, porém, apontam a taxa média sobre rendimentos entre 32,67% e 35,21%. Já Christina Romer, Professora de Economia da Universidade da Califórnia em Berkeley e ex-presidente do Conselho de Assessores Econômicos da administração Obama, estimou em 33% de impostos o ponto ótimo da curva de Laffer

Para muitos dos que falam na curva de Laffer tratam dela como se fosse uma reta decrescente, tipo uma curva de demanda, fazendo uma equivalência entre preço e alíquota; e quantidade e arrecadação ou, então, um cura de oferta, em que as quantidades cresciam na proporção do aumento de preços. Nem, tampouco uma, nem tampouco a outra estão corretas.

REFERÊNCIAS

ALESINA, Alberto e GIAVAZZI, Francesco. *O Futuro da Europa*. Edições 70, Ltda. Lisboa/Portugal.

TESOURO NACIONAL: SICONFI anos 2019-2022.

IDEM – Boletim das Finanças Subnacionais dos anos 2016, 2019 e 2023.

IDEM – Execução Orçamentária dos Estados (até 1999).

IDEM – Boletim de Finanças Subnacionais (2010-2012)

REIS – Tiago. Dados retirados da Internet/Wikipédia. Acesso em 26/01/2023.

TRIBUNAL DE CONTAS DO RS: Pareceres Prévios de diversos anos

WIKIPÉDIA/INTENET (https://pt.wikipedia.org/wiki/Curva_de_Laffer

CAPÍTULO 8
Fatores que dificultam o equilíbrio orçamentário

Introdução

Este capítulo é constituído daquelas situações que são vendas de ilusões ou utopias, invasões de competências, irresponsabilidade fiscal e abusos variados. A maioria deles assume os vários vícios citados, não sendo possível separá-los. Isso atrasa o País, porque faz gastar mais, mantendo e aumentando os desequilíbrios orçamentários não só da União, como dos demais entes federados.

8.1. VINCULAÇÕES DA RECEITA, A REALIMENTAÇÃO DA DESPESA

> "A vinculação é a avó da vagabundagem."
> *Antônio Delfim Neto*

Além da repartição da receita que existe da União para Estados e Municípios e dos Estados para Municípios, o que é um procedimento normal, existem as vinculações constitucionais, cujas principais são as com a educação – a Manutenção e Desenvolvimento do Ensino (MDE) – e as com a saúde – Ações em Serviços Públicos de Saúde (ASPS).

A aplicação em MDE por parte da União é de 18% da receita líquida de impostos e transferências (RLIT) e de 25% para os Estados e Municípios (Art. 212 da Constituição Federal).

Já a aplicação em ASPS é de 15% da receita corrente líquida por parte da União (art. 198 da CF) e de 12% da RLIT para os Estados e 15% para os Municípios (Emenda Constitucional n.º 29/2000).

Além dessas, existem outras vinculações menores, porque há uma crença arraigada de que a solução dos problemas sociais e outros está em vincular uma parte da receita. Para maior esclarecimento, vinculação é a destinação prévia de parcela da receita a certas finalidades. É o popularmente conhecido como *carimbo* de recursos.

As vinculações foram criadas para dar garantia de recursos para finalidades julgadas importantes, mas foi o tipo do remédio que se transformou em veneno,

Fabio Giambiagi, em *Brasil, Raízes do Atraso*, cap.11, p.137, fazendo uma analogia com a correção monetária, que foi criada para conviver com a inflação e acabou se convertendo numa espécie de monstro, assim se expressa:

> Do mesmo modo, o mecanismo das vinculações orçamentárias teve uma história semelhante; foi uma maneira interessante que determinados setores encontraram para defender os seus recursos, mas praticado *ad nauseam* acabou se revelando um problema grave para as finanças públicas como um todo.

Muitas vezes ocorre que são tantas as repartições e vinculações de recursos que, quando se somam às despesas irredutíveis, muitas delas decorrentes de **indexações**, passam de 100% da receita, o que deve estar ocorrendo com a União, formando uma **inequação orçamentária**, que dificulta ou impede de atingir o equilíbrio orçamentário. O Estado do RS, por exemplo, durante anos, apresentava uma inequação dessa natureza, cujo resultado eram déficits orçamentários recorrentes e aumento do endividamento.

Para fechar os orçamentos era preciso colocar 15% ou mais de receita fictícia decorrente dos gastos obrigatórios e das vinculações (Santos, *Finanças Estaduais: Verdades e Mitos*, p.57-66, do mesmo autor, 2007). A governadora, a Yeda Crusius, do RS (2007-2070), resolveu deixar o orçamento transparente, apresentando a peça com déficit, não conseguindo no seu primeiro intento. Porém, em 2008, o orçamento foi encaminhado à Assembleia Legislativa dessa maneira e aprovado, sendo denominado de **orçamento realista**. Na época, escrevemos o seguinte:

> O chamado orçamento realista apresenta essa conformação por duas razões básicas:
> a) não houve superestimação de receitas para encobrir o déficit;
> b) as vinculações constitucionais com **saúde e educação** estão alocadas em montante condizente com a intenção de aplicá-las, segundo afirma o Governo.
>
> Não devemos esquecer que antes só havia cumprimento na ocasião do orçamento, e depois não se cumpria. Era uma hipocrisia consentida por todos. (Texto constante da análise feita sobre a Proposta Orçamentária de 2008, cuja publicação não foi encontrada.)

Daí em diante, o orçamento realista passou a fazer parte da prática orçamentária do Estado do RS.

No Governo Federal, 80% dos recursos, em média, são comprometidos com a Seguridade Social (Previdência, Saúde e Assistência Social). Assim, o que resta é insuficiente para atender às demais funções, distribuídas em cerca de 40 Ministério e secretarias e uma quantidade enorme de órgãos especiais, além de outras despesas obrigatórias. Com isso, nada resta para a formação de superávit primário, fazendo com que a dívida cresça incessantemente (Tabela 1.4, capítulo 1).

Não é ser contra a destinação de recursos para o social; isso necessita ser feito, mas não gerando déficits sistemáticos. Déficits acumulados formam dívidas, que geram juros e reduzem a margem orçamentária para os gastos sociais. O que era para ser a solução, virou estorvo.

Na obra citada, p.142, Giambiagi apresenta a seguinte citação de Gustavo Franco:

A sociedade, através de seus representantes democraticamente eleitos, no Executivo e no Legislativo, pode fazer muitas coisas prejudiciais aos pobres sem saber, ou sem se dar conta que o subproduto de ações que entende como meritórias é agravar pobreza.

A vinculação da receita, ao atribuir realização maior a quem gasta mais, vem contra o princípio da **eficiência e da economicidade**, que é fazer mais com menos. O aumento da despesa vem contra a produtividade, que é o inverso do custo.

Além de tudo, a vinculação de receita apresenta uma enorme incoerência, que pode ser assim descrita:

Ocorre um grande crescimento econômico, que provoca enorme aumento de receita e, ao mesmo tempo, os empregos e os salários aumentam, o que possibilita a adesão a planos particulares de saúde. Pois, nesse momento, o poder público é obrigado a aplicar mais em saúde. Contrariamente, ocorre uma grande crise que provoca queda no PIB e na receita, quando as pessoas perdem emprego, têm seus salários congelados; nesse caso o poder público aplica menos em saúde pública.

Outra incoerência ocorre com transição demográfica. O Brasil, como é sabido, passa por um envelhecimento de sua população, que ocorre por dois motivos. Pelo topo, porque as pessoas estão vivendo mais e, pela base, porque estão nascendo menos crianças. Se, cada vez temos mais pessoas idosas e menos crianças e jovens, o racional é aplicar menos recursos em educação e mais em saúde pública. Mas não podemos assim fazer, porque estamos presos a critérios rígidos de vinculação, fazendo-nos estacionar numa época que ficou para trás.

Outra situação que pode ocorrer é nas épocas de bonança, ao criar despesas permanentes, como mais servidores e/ou maiores salários, que depois não podem ser reduzidos na época da escassez.

Outra prática perniciosa é a **indexação**, que pode servir como bengala para a garantia de muitas categorias menos aquinhoadas, mas, por outro, gera aumentos de despesas só porque crescem outras despesas, às vezes de natureza bem diversa. A indexação é prima-irmã da vinculação, só que uma é sobre a receita e a outra, sobre a despesa.

Ambas são perniciosas, mas a vinculação tem um efeito maior, porque anula em grande parte o que seria solução: o aumento de receita. É como aqueles remédios cujas contraindicações levam o paciente à piora dos sintomas e, muitas vezes, a óbito.

Quase todos os economistas que não estejam movidos por paixões políticas são contra a vinculações. Isso porque, se a receita é aumentada para combater um déficit, aumenta, em consequência, a despesa. O resultado é como um carro num atoleiro: roda, roda, mas não sai do lugar.

8.2. OS 10% DO PIB EM EDUCAÇÃO, UMA UTOPIA

> "O prazer pode apoiar-se sobre a ilusão,
> mas a felicidade repousa sobre a realidade."
> *Sébastien-Roch Chamfort, poeta e jornalista francês.*

Este é mais um caso daqueles que são decididos pelo Congresso Nacional sem observar sua exequibilidade, servindo apenas para vender ilusões e propiciar perda de tempo aos governos na tentativa de explicar o descumprimento de uma determinação que já traz implícita uma enorme inequação orçamentária, o que pode ser demonstrado numa simples exposição matemática, como vemos a seguir.

O Plano Nacional de Educação, aprovado pela Lei n.º 13.005, de 25/06/2014, estabelece em sua meta 20 aplicar 10% do PIB em educação; assim:

*Meta 20: ampliar o **investimento público em educação pública** de forma a atingir, no mínimo, o patamar de 7% (sete por cento) do Produto Interno Bruto – PIB do País no 5.º (quinto) ano de vigência desta Lei e, no mínimo, o equivalente a 10% (dez por cento) do PIB ao final do decênio* (destacamos).

Assim, sendo, em 2019, deverá ser aplicado pelo setor público brasileiro 7% do PIB e, em 2024, 10%. Trata-se de metas tão desejáveis e interessantes quanto impossíveis, o que passamos a demonstrar. **O novo plano (2024-2034), ainda não aprovado, mantém essa obrigação dos 10%.**

Nosso propósito é não incluir equações ao longo do texto, porque não é da aceitação geral da maioria dos leitores. No entanto, há situações que não podem ser demonstradas, senão matematicamente (simples equações de 1.º grua), como é o caso. Dito isso, vamos lá:

Tomemos a carga tributária nacional de 2022, estimativa do Tesouro Nacional, em 30/03/2023, em 33,71%. Arredondamos para 34%, para ficar mais fácil de demonstrar, até porque pelas iniciativas do governo atual ela deve aumentar.

Então:
CT = 34% PIB
CE = 6% PIB
Onde:
CT = carga tributária total
CE = carga tributária destinada à educação

Se dos 34%, 6% já são destinados à educação, **restam 28% para as demais finalidades de governo**, sem considerar que vem ocorrendo um déficit que, na prática, tornaria a carga bem maior, em torno de 1% para o déficit primário e próximo a 8% o nominal, o que indica que, para zerarmos o déficit nominal, seria necessária uma carga tributária superior a 40% do PIB.
Então:
Se fixarmos 28 para os demais itens, num PIB = 100, temos
CT = 28 + CE
CE = 0,10 PIB
Então:
CT = 28 + 0,10 PIB
CT = 0,34 PIB
Igualando as equações e tratando de forma unitária, tem-se:
0,28 + 0,10 PIB = 0,34 PIB
0,28 = 0,34PIB – 010PIB

0,24 PIB = 0,28
PIB = 0,28/0,24 = 1,1667
Multiplicando por 100, temos:
PIB = 116,67
Nova destinação em % do PIB
10% do PIB de 116,67 = 11,67
Nova estrutura:
CE = 10% do PIB = 11,67
34% − 10% = 24%
24% x 116,67 = 28%, mas: 28/116,7 = 24%
24% + 10% = 34% (mesma carga tributária original), substituindo a composição inicial de 28% + 6%.

Conclusão:
Para aumentar 4% do PIB em educação (6% para 10%), sem reduzir outros itens, será preciso aumentar 16,67% o PIB, o que levaria anos e nesse período todos os demais itens teriam que ser **congelados**. Com isso, **a relação desses com o PIB decresceria** de 28% para 24% e possibilitaria aumentar a educação.

Como será possível esse congelamento, se:

a) Na previdência, os beneficiários crescem entre 3% e 4% ao ano.
b) Na seguridade social (previdência, saúde e assistência social), o crescimento real dos gastos foi de 3%, entre 2010 e 2022. E a saúde ainda precisa de recursos adicionais.
c) A infraestrutura em termos de estradas, portos, aeroportos, tudo precisa de mais recursos.
d) Muitas despesas crescem de acordo com a receita (que acompanha o PIB), como: as transferências aos entes subnacionais, as aplicações em educação e saúde.
e) Além de tudo, conforme referido, havia em dezembro/2023, somente na União, um déficit primário de 2,44% do PIB e nominal de 8,08% (Bacen – NFSP). O governo deverá reduzir o déficit primário em 2024, mas não zerá-lo, como pretende.

f) A redução de despesa para possibilitar esse aumento de recursos em educação é muito improvável para não dizer impossível, e teria alto custo político, como é o caso da reforma da previdência, com aumento da idade mínima para as aposentadorias especiais (mulheres, professores, servidores da segurança pública e militares).

O único item que decresce são as matrículas, e é este espaço que deve ser utilizado para aumentar os recursos *per capita* para a educação. Mariza Abreu, no texto "Desafios do Financiamento da Educação Básico no Brasil", assim se expressa:

> Segundo relatório do governo federal sobre os quatro primeiros anos de vigência do PNE, somente foi cumprida a meta 13, com percentual mínimo de mestres e doutores no corpo docente da educação superior. Afinal, o que está ocorrendo? Por que as metas de um planejamento não são atingidas? Seria por que os governantes não estão comprometidos e empenhados em cumpri-las? **Ou por que as metas foram mal formuladas e são inexequíveis?** (destacamos) Ou, ainda, por que se alteraram as condições objetivas para atingimento das metas? No caso do PNE, sem avaliar a correção e a viabilidade das metas aprovadas por unanimidade no Congresso Nacional e sancionadas pela Presidência da República em 25 de junho de 2014, não é evidente que as condições de sua execução se alteraram em consequência da crise de natureza econômica, fiscal e política que o país passou a vivenciar a partir de 2015? **Para alguns, determinadas metas aprovadas em 2014 já eram inexequíveis (destacamos)**. Para outros, foi a crise econômica e fiscal após 2015 e, para outros ainda, foi a EC n.º 95/2016, que instituiu limites para os gastos públicos, que explica o não cumprimento de metas do PNE com prazos já vencidos.

Segundo a Professora Mariza, a proposta aprovada pela **CONAE em janeiro de 2024 é a mesma, inclusive com os 10% do PIB na educação. Portanto, valem as mesmas conclusões.**

Não havendo redução de outras despesas, o aumento de qualquer percentual de despesa em função do PIB sem aumentar a carga tributária só seria possível ou congelando os demais itens, o que significa sua redução em termos de participação na carga tributária.

Dito de outra forma, para aumentar a participação da educação sem que se reduza a participação dos demais itens, **só aumentando a carga tributária**.

NOTA: A participação da educação no PIB não é necessariamente bem igual a adotada nesta análise, mas qualquer que seja seu valor real, o raciocínio é o mesmo, assim como sua inexequibilidade.

8.3. AS PENSÕES POR MORTE INTEGRAIS – AINDA CAUSAM ESTRAGOS

Este é mais um assunto de que vamos falar sobre o que aconteceu no Estado do RS, do que tenho conhecimento. No entanto, como se trata de uma decisão federal, certamente atingiu os demais Estados e Municípios, variando somente na intensidade.

As pensões por morte eram concedidas pelo Instituto de Previdência do Estado do RS, com base numa quota familiar de 45% do salário de benefício, acrescida de 5% por dependente, cujo total era limitado a 11. E para isso havia uma contribuição do servidor de 5,4% desse mesmo salário de benefício (Lei Estadual do RS 5.255/66).

Para esse valor de pensão havia cálculo atuarial, suficiente ou não, mas havia um cálculo. Aí veio a Constituição de 1988, que, sem mudar a contribuição e sem novo cálculo atuarial, determinou que a pensão corresponderia à integralidade do salário de benefício. Dobrou de valor, na hipótese de a pensão se composta por um só dependente, ao passar de 50% para 100%. O reflexo exato na despesa depende da quantidade de dependentes, variável caso a caso, mas o certo é que foi grande.

Muitos governadores se negaram a pagar as pensões pelos novos critérios, embora alguns deles tivessem aprovado na Constituinte; isso muito contribuiu para a formação da enorme dívida com **precatórios**, que vem atormentando os gestores públicos do Estado do RS. Claro, depois disso, ocorreram novos fatos locais que também contribuíram para o aumento desse tipo de despesa.

Alguém poderá dizer: mas essa mudança é muito antiga, já faz 35 anos. Ocorre que os efeitos promovidos por ela são contínuos com o decorrer do tempo, porque todos os servidores serão beneficiados por ela, até que haja uma nova alteração constitucional. E isso veio a ocorrer e de forma parcial, 15 anos depois, em 2003, com nova reforma constitucional, em que valor da pensão foi para 70% mais 10% por dependente, e só voltando aos padrões originais com a reforma de 2019, portanto 31 anos mais tarde.

Nesse lapso de tempo houve enorme aumento do dispêndio com pensões, que continua alto até hoje, porque os servidores existentes foram beneficiados por essa integralidade; as aposentadorias foram mantidas nos mesmos valores, embora altos. O Gráfico 8.3.1, no final, mostra o crescimento da razão entre o valor médio das pensões e o valor médio das aposentadorias, que passou de 0,38, em 1991 (último dado disponível), a 0,91, em 2021. A boa notícia é que essa razão, praticamente, se estabilizou nos últimos anos.

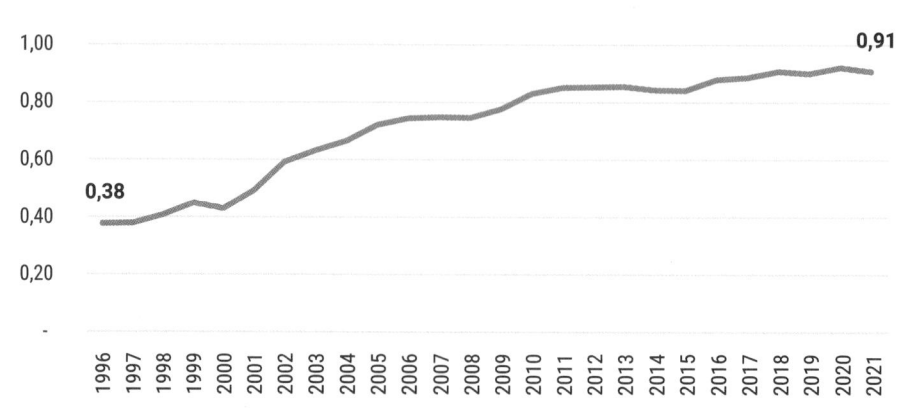

GRÁFICO 8.3.1 | Razão entre o valor médio das pensões e o valor médio das aposentadorias do Estado do RS, 1996-2021.
Fonte: *Site* da Fazenda/Despesa e receitas e RREOS.
Quantidades: Boletim de Pessoal da Secretaria da Fazenda.

Tudo isso serve para mostrar que as decisões federais, sejam do Poder Executivo ou do Legislativo, devem ser tomadas levando em consideração as condições econômico-financeiras dos demais entes federados. No tocante às decisões do Supremo Tribunal Federal, se não forem políticas, e forem por estrito descumprimento da lei, não há como evitá-las.

Essas decisões, pensando em favorecer as pessoas, acabam prejudicando-as, porque, ao gerarem déficits, criam dívidas, que, por sua vez, acabam aumentando os juros, que tem como consequência a redução dos recursos que poderiam se canalizados para obras de infraestrutura e ações sociais. Se pensam em ajudar os pobres, estão prejudicando-os. Primeiro, porque a maioria dos ocupantes dos cargos públicos, comparada com os demais segmentos sociais, não é pobre, mas as ações sociais que foram reduzidas, na sua maioria eram para eles destinadas.

Por tudo isso, os gestores públicos que pensem mais de uma vez antes de tomar uma decisão que diz respeitos aos demais entes federados.

8.4. DESPESA COM INATIVOS E PENSÕES NA MDE, UMA SOLUÇÃO DIFÍCIL

A sigla MDE quer dizer manutenção e desenvolvimento do ensino, que tem o seguinte tratamento pelo artigo 212 da Constituição Federal:

> Art. 212. A União aplicará, anualmente, nunca menos de dezoito por cento, e os Estados, o Distrito Federal e os Municípios vinte e cinco por cento, no mínimo, da receita resultante de impostos, compreendida a proveniente de transferências, na manutenção e desenvolvimento do ensino.

No § 1.º está prevista o desconto das transferências constitucionais federais a Estados e Municípios e dos Estados aos Municípios, o que torna líquida a receita de impostos e transferência dos Estados.

Muitos Estados e Municípios colocaram em suas Constituições percentual maior do que o exigido como mínimo acima citado, entre eles o RS, que colocou 35%. No entanto, a maioria não cumpre essa determinação.

No seu texto original, a Constituição não vedou a utilização de despesas com inativos e pensionistas na formação do MDE.

Fábio Araújo Souza, em muito bom texto, faz longa explanação sobre o assunto, em publicação na *Revista Brasileira de Política e de Administração da Educação*, vol. 35, n.º 3, sob o título "Inativo da educação: despesa de educação?"

Quem tiver interesse evolução histórica do assunto, encontrará resposta no texto citado. A verdade é que, memo não havendo vedação legal ao uso da despesa com inativos e pensionistas na formação da MDE, o entendimento predominante era de que essa despesa não deveria ser usada para tal.

É oportuno citar que o **economista Júlio Brunet** et al. editaram em 2012 um inédito livro sobre a avaliação do gasto público, intitulado ***O Gasto Público no Brasil***, e na abordagem da educação excluiu da MDE a despesa com inativos e pensionistas, por entender também que os citados gastos não fazem para da manutenção e do desenvolvimento do ensino.

A principal razão para isso era de que despesa com inativos e pensionistas não era nem despesa de manutenção nem de desenvolvimento do ensino. Com isso concordamos plenamente, mas há sérias implicações para cumprir esse dispositivo, de que passamos a tratar em seguida.

Mas antes de ir adiante, embora tenha gostado e usado dados e análises do autor citado, não podemos concordar com ele quando afirma que as reformas feitas desde o Presidente Fernando Henrique Cardoso foram **"contrarreforma da previdência, ou seja, medidas regressivas de ajuste dos direitos sociais à lógica neoliberal, cujo objetivo velado era a desconstrução de direitos sociais consolidados, apresentada pelo governo de Fernando Henrique Cardoso, foi promulgada e tornou-se a EC 20/1998. A EC tinha como objetivo oculto aprofundar um processo de desmonte da previdência social, prevista originalmente na CF/88, por meio do controle da dívida pública, da possível estabilização econômica e da con-**

fiança dos investidores estrangeiros". Mais adiante, falando das reformas, afirma que "**viabilizam a agenda do Fundo Monetário Internacional**" As reformas feitas pelos demais presidentes seguiram a mesma lógica (Os destaques são nossos).

Nossa opinião é frontalmente contrária: foram as reformas feitas por todos os governos, defasadas no tempo e mesmo com transições excessivas, que evitaram o colapso da previdência e das finanças públicas em todos os níveis.

Apesar delas, ainda a previdência cresce demasiadamente, muito acima da educação, nos Estados e Municípios. Os Gráficos 8.4.1. e 8.4.2 demonstram o problema, parecendo existir, como muito bem denominou o economista Júlio Brunet, um *trade-off* entre educação e previdência.

Cada vez mais os gastos com previdência comprimem mais os gastos com educação, colocando-nos com os olhos na nuca. Nos últimos 12 anos, enquanto a despesa com educação cresceu 5,1%, a com previdência 50,1, dez vezes mais, nos Estados.

E nos Municípios tal relação foi de 52% para 108,2%. A taxa foi de 3,55% para 6,30%, isto que nos Municípios os reajustes do piso do magistério têm implicado grande aumento dos gastos com educa-

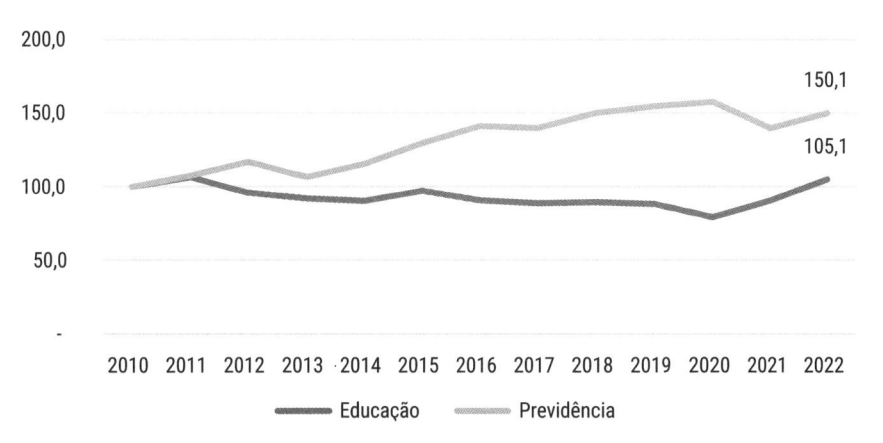

GRÁFICO 8.4.1 | Evolução relativa da previdência e da educação nos Estados: 2010=100*.
Fonte: Dados brutos: Balanço do Setor Público Brasileiro.
(*) Atualização: deflator Implícito do PIB.

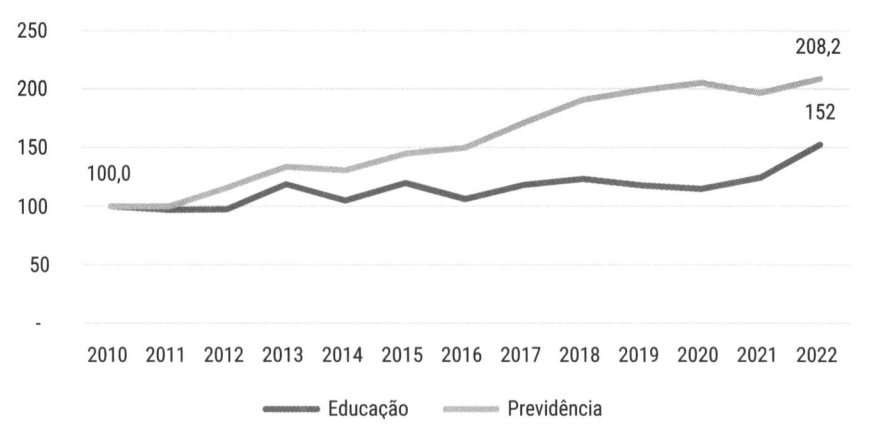

GRÁFICO 8.4.2 | Evolução relativa da previdência e da educação nos Municípios: 2010=100*.
Fonte: Dados brutos: Balanço do Setor Público Nacional.
(*) Atualização: deflator Implícito do PIB.

ção. A taxa de 6,30% é muitas vezes a de crescimento do PIB, inviabilizando o sistema.

Finalmente, em 2020, a Emenda Constitucional n.º 108, de 26 de agosto de 2020, acabou por vedar o uso da despesa tratada neste item na comprovação da MDE, o que fez mediante a introdução do seguinte dispositivo:

> Emenda Complementar n.º 108/2020
> Art. 1.º (introduziu no art. 212 da Constituição Federal o § 7.º)
> *É vedado o uso dos recursos referidos no* caput *e nos §§ 5.º e 6.º deste artigo para pagamento de aposentadorias e de pensões. Parte introduzida pela EC 208/2020.*

Mas, antes de entrarmos na abordagem **das dificuldades para cumprir tal dispositivo**, passamos a dois assuntos preliminares, a seguir:

Uma categoria feminina

A educação básica, como não poderia deixar de ser, é composta principalmente por mulheres. A mulher, com seu instinto maternal, é muito mais voltada a essa atividade. Por isso é que 81,6% dos professores são mulheres, com uma mediana de 80,2%, sendo o Estado com maior participação do sexo feminino o Rio Grande do Sul, com 86,9% (Tabela 8.4.1).

Mas como a vida é dual, sempre há os dois lados. E o outro lado é o alto gasto com inativos e pensionistas. A mulher vive mais e sempre usufruiu de um período laboral menor do que o do homem, até por ter jornada dupla, o que se modificou um pouco com o tempo. Pelas regras que predominaram até a reforma de 2019 no setor público, para o homem a idade mínima para aposentadoria era 60 anos e para a mulher, 55. Nessas condições, pelas tábuas de mortalidade do IBGE para 2022, a expectativa de sobrevida era de 27,8 anos para a mulher e de 20 anos para o homem, uma diferença de praticamente 8 anos. Até a Emenda 20/1998 não havia idade mínima para aposentadoria. Por isso, o Brasil tem grandes gastos com inativos e pensionistas. As reformas de 1998, 2003 e 2019 fizeram grandes modificações, mas estabeleceram uma longa transição, que retardou seus efeitos.

Que me desculpe o Dr. Fábio de Araújo Souza, **as reformas não foram para atender o FMI, mas para atender os interesses brasileiros**. Sem elas, aí é que o FMI seria favorecido, se assim se pode dizer: estaríamos quebrados e batendo a suas portas.

Daqui em diante, quando for feita referência a inativos e pensionistas, **entenda-se inativos**.

A Tabela 8.4.2, elaborada com base em dados da Tabela 1 do autor citado, envolvendo os anos de 2016, 2017 e 2018, podemos concluir o seguinte:

1. Para cada Estado foi tomado o percentual da MDE em cada um e a despesa com inativos incluída na MDE, e o percentual da despesa com MDE sem os inativos. Com isso, foi possível calcular a diferença dos percentuais, determinando o relativo a inativos na MDE.

TABELA 8.4.1 | Professores em ordem decrescente do % de mulheres

Unidade da Federação	Professores da Educação Básica			% de mulheres
	Total	Sexo		
		Masculino	Feminino	
R. G. do Sul	111.790	14.670	97.120	86,9%
Paraná	108.551	16.061	92.490	85,2%
Goiás	56.932	8.832	48.100	84,5%
Minas Gerais	215.928	34.279	181.649	84,1%
São Paulo	390.337	67.178	323.159	82,8%
Pernambuco	89.113	15.378	73.735	82,7%
Espírito Santo	36.885	6.374	30.511	82,7%
Santa Catarina	65.798	11.621	54.177	82,3%
Alagoas	31.257	5.708	25.549	81,7%
Bahia	152.648	28.762	123.886	81,2%
Rio de Janeiro	143.029	27.094	115.935	81,1%
Paraíba	45.471	8.715	36.756	80,8%
Tocantins	17.583	3.440	14.143	80,4%
Ceará	87.067	17.224	69.843	80,2%
Sergipe	23.129	4.758	18.371	79,4%
Mato Grosso	32.113	6.830	25.283	78,7%
Distrito Federal	26.479	5.725	20.754	78,4%
Maranhão	90.191	19.567	70.624	78,3%
Pará	70.783	15.802	54.981	77,7%
Rondônia	15.770	3.657	12.113	76,8%
Piauí	45.187	10.506	34.681	76,7%
R. G. do Norte	34.640	8.095	26.545	76,6%
Acre	9.566	2.774	6.792	71,0%
Roraima	6.207	1.981	4.226	68,1%
Amapá	9.566	3.086	6.480	67,7%
Amazonas	36.534	12.099	24.435	66,9%
Total	1.952.554	360.216	1.592.338	
Percentual	100,0%	18,4%	81,6%	

Fonte: MEC/Inep/Deed.

TABELA 8.4.2 | Despesas com inativos utilizadas para formar a MDE

N.º	UF	Exerc. financ.	MDE %	Despesa com inativos*	MDE sem inativos	Diferença MDE – %
1	AC	2016	25,38	171.315.194	21,17	4,21
2	AL	2017	25,68	369.900.495	20,47	5,21
3	AP	2017	30,07	–	–	0
4	AM	2016	25,13	934.763.000	14,31	10,82
5	BA	2016	22,77	–	–	–
6	CE	2017	27,46	–	–	–
7	DF	2017	27,41	1.084.479	26,83	0,58
8	ES	2017	27,69	717.958.661	20,06	7,63
9	GO	2017	24,50	1.535.046.209	14,95	9,55
10	MA	2016	26,59	25.963.385	26,36	0,23
11	MT	2017	26,31	423.337.677	21,83	4,48
12	MS	2017	33,48	176.158.310	31,39	2,09
13	MG	2017	22,47	–	–	–
14	PA	2018	26,72	–	–	–
15	PB	2015	24,40	243.766.000	21,20	3,20
16	PR	2017	36,26	–	–	–
17	PE	2017	27,49	799.583.795	23,19	4,30
18	PI	2017	25,30	–	–	–
19	RR	2018	24,24	–	–	–
20	RO	2016	25,33	–	–	–
21	RJ	2017	24,41	3.472.315.675	15,21	9,20
22	RN	2016	25,57	55.566.909	24,90	0,67
23	RS	2016	29,28	3.448.000.000	13,42	15,86
24	SC	2017	26,92	780.337.339	22,67	4,25
25	SP	2017	31,36	7.248.054.000	25,25	6,11
26	SE	2017	25,50	–	–	–
27	TO	2017	25,15	–	–	–
	TOTAL			20.403.151.128		

Fonte: *Revista Brasileira de Política e Administração da Educação*, Vol.35, n.º3, Goiânia, maio/ago 2019.
(*) Centavos eliminados.
Artigo de Fábio de Araújo Souza, Tabela 1.

2. Os Estados com maior utilização da despesa com inativos na MDE, na ordem, são: RS (15,86%); AM (10,82%); GO (9,55%); RJ (9,20%), conforme Tabela 8.4.2.
3. No total foram apurados R$ 20,4 bilhões com a despesa em causa paga com recursos da MDE.

É uma pena que isso aconteça, mas os Estados assim agem porque são deficitários e/ou têm uma despesa muito grande com inativos e pensionistas, e isso não fica tão fácil de resolver, conforme tratado a seguir.

Por que não é fácil deixar de usar despesa com inativos na MDE

Quem ingressou no setor público até 31/12/2003 tem direito à aposentadoria pela integralidade da remuneração e durante muitos anos foram a maioria e ainda são uma quantidade enorme de servidores a se aposentar e aposentados. Só deixam de receber os que falecem, e, assim mesmo, as pensões são equivalentes a 70% da remuneração mais 10% por dependente.

Isso mudou, pela Lei n.º 13.135, de 17/06/2015, mas para o pessoal do Regime Geral. O que alterou para todos foi a Emenda Constitucional n.º 103/2019, que mudou para 50% do valor da aposentadoria a que teria direito o servidor falecido mais 10% por dependente.

Então, um estado ou um Município que tenha grande valor de inativos na MDE, não podendo usar esses valores, terá que dispor de recursos suficientes para fazer outras aplicações na mesma finalidade. Mas, para isso, necessita dispor de recursos, o que não é fácil, porque a maioria dos Estados ou é deficitária ou gera superávits baixos.

E o pior é que há ainda muitos servidores com integralidade e paridade que continuarão aumentando a conta de inativos. Por isso, para cumprir esses dispositivos de não usar a despesa com inativos na MDE levará muitos anos. Isso não é como dois potes, simplesmente retirar de um para colocar no outro, como muitos pensam.

Finanças públicas, ao contrário do que pensa a maioria, **não são sinônimo de justiça**. Um determinado objetivo pode ser justo, mas essa é uma condição. A outra condição, a mais difícil de cumprir, é a viabilidade financeira.

8.5. PISO NACIONAL DO MAGISTÉRIO PÚBLICO – UMA MEDIDA IMPENSADA

Pela Lei Federal n.º 11.738/2008 foi ciado o piso nacional do magistério público, não como um piso, que seria uma espécie de salário-mínimo profissional, abaixo do qual não poderia haver remuneração de professores, como acontece com as demais carreiras.

Foi criado um valor mínimo para 40 horas semanais, que recebe todas as incidências dos planos de carreira dos Estados e dos Municípios, que variam conforme sejam os multiplicadores. No caso do Estado do RS havia uma matriz salarial criada pela Lei n.º 6.672/1974 com multiplicadores que iam de 1 a 3, considerando níveis e classes. Com os adicionais de tempo de serviço eram acrescidos de 50%. Com isso, a diferença entre o padrão inicial da carreira e o final formava um multiplicador 4,5. E ainda existiam outros *penduricalhos*.

Esse era um problema que, com variações locais e regionais, atingia grande número de entes federados, Estados e Municípios. O Estado do RS não cumpria o piso nacional por essa razão e, com isso, formou um passivo trabalhista (se assim entender o Poder Judiciário) de R$ 42,280 bilhões até 2022, segundo balanço do Estado desse ano, p.165. A Lei n.º 15.451/2020 alterou a matriz citada, mas a análise da nova matriz foge ao objeto deste livro.

O piso foi criado para pagar indiscriminadamente a todos os professores lotados em qualquer área, como administrativa, planejamento ou funções pedagógicas fora da sala de aula. Não é uma remuneração que leve em conta o desempenho; todos recebem igualmente, sendo maus ou bons professores. E todos levam as vantagens nas aposentadorias e pensões, de conformidade com a legislação aplicável à matéria.

Um fator grave é o critério de reajuste anual da remuneração, que, em vez de ser de acordo com a inflação, medida pela IPCA ou pelo INPC, é feito de conformidade com o valor mínimo por aluno no âmbito do Fundeb, assim:

Gasto por aluno = Recursos direcionados ao Fundeb/ Número de matrículas de alunos.

No numerador da fração estão os percentuais (20%) de Estados e Municípios incidentes sobre receitas fiscais mais a complementação do Fundeb da União. A Emenda Constitucional n.º 108, de 26/8/2020, aumentou de 10% para 23% a participação da União no Fundo, escalonadamente, sendo: 12% em 2021; 15% em 2022; 17% em 2023; 19% em 2024; 21% em 2025; e 23% em 2026.

No denominador estão as matrículas de alunos, cujo número é decrescente em decorrência da transição demográfica. Segundo Gustavo Guimarães e Marcos Mendes, o público-alvo da educação básica (de 4 a 19 anos) cairá de 47,6 milhões de pessoas para 36,5 milhões, entre 2020 e 2060. Já o público-alvo da assistência à saúde (acima de 60 anos) crescerá de 34,3 milhões para 75,2 milhões. Com grande parcela do orçamento comprometida com educação, possivelmente faltarão recursos para a saúde.

Isso é uma fábrica de desequilíbrio orçamentário, porque os recursos do numerador tendem a crescer mais do que o PIB; e o número de alunos é decrescente. Como resultado, haverá um quociente cada vez maior. Isso gerará grande desequilíbrio orçamentário nos Estados e Municípios, que detêm a quase integralidade dos alunos da educação básica.

Além de tudo, é regra procíclica, possibilitando o aumento dos reajustes do piso, com reflexos até dos inativos pela regra da integralidade e da paridade, que depois não pode ser reduzido nos momentos em que o ritmo de arrecadação for menor.

Além desses dois casos citados, há uma série de outros inconvenientes desse piso, tal qual foi concebido, além de ser uma interferência de um ente federativo no que devia ficar a cargo daqueles responsáveis pelos encargos orçamentários.

O critério de reajuste citado vem causando enormes distorções nas finanças dos Estados e Municípios, porque gera despesa com um incremento muito maior do que a receita que a mantém.

Na Tabela 8.5 vemos as variações do piso nacional do magistério (PNMag) e a do INPC entre janeiro de 2024 e janeiro de 2009. Nela encontramos uma variação de 106,4%, numa taxa anual de 4,9%, muito acima da taxa de crescimento da receita. Nesse período o PIB

TABELA 8.5 | Variação do piso nacional do magistério e do INPC

Mês/ano	PNMag.	INPC	Variação		Fatores (1+i)	
			PNMag	INPC	PNMag	INPC
jan/09	950,00	2.994,15			100,0	100,0
jan/10	1.024,67	3.124,76	7,9%	4,36%	107,86	104,36
jan/11	1.187,00	3.328,76	15,8%	6,53%	124,95	111,18
jan/12	1.451,00	3.516,11	22,2%	5,63%	152,74	117,43
jan/13	1.567,00	3.749,15	8,0%	6,63%	164,95	125,22
jan/14	1.697,37	3.946,44	8,3%	5,26%	178,67	131,81
jan/15	1.917,78	4.227,64	13,0%	7,13%	201,87	141,20
jan/16	2.135,64	4.705,75	11,4%	11,31%	224,80	157,16
jan/17	2.298,80	4.961,53	7,6%	5,44%	241,98	165,71
jan/18	2.455,52	5.054,52	6,8%	1,87%	258,48	168,81
jan/19	2.557,73	5.234,86	4,2%	3,57%	269,23	174,84
jan/20	2.886,24	5.460,19	12,8%	4,30%	303,81	182,36
jan/21	2.886,24	5.762,23	0,0%	5,53%	303,81	192,45
jan/22	3.845,63	6.373,00	33,2%	10,60%	404,80	212,85
jan/23	4.420,55	6.737,00	14,9%	5,71%	465,32	225,01
jan/24	4.580,57	6.994,38	3,6%	3,82%	482,17	233,60
Razão entre variações PNMag/INPC jan/2024 e jan/2009					2,064	
Crescimento do piso acima do INPC (15 anos)					4,9%	

Fonte: MEC e IPEA-DATA.

– do qual a receita é um *proxy* – cresceu menos de 1,5% ao ano, mesmo que o deflator dele seja um pouco maior que o INPC.

Costuma-se culpar sempre os gestores estaduais e municipais pelos desajustes orçamentários, mas, como vimos, muito deles são causados por políticas e decisões irresponsáveis tomadas em outros níveis governamentais, como é o caso em tela.

LAST BUT NOT LEAST (por último, mas não menos importante) é o **salário do magistério**, em que não vou entrar no mérito sobre seu tamanho. O Brasil é um país tão desigual, que toda comparação permite as mais variadas conclusões. A verdade é que a folha do magistério dos Estados, principalmente, apresenta os menores valores. No RS, onde conheço, é a menor, mas como existem professores de cargas horárias diversas, fica difícil de fazer uma média exata.

No entanto, tudo depende do ponto de vista de cada um. Do lado de quem recebe o salário, é insuficiente, pelo menos, para a maioria. Do lado de quem paga, o poder público, trata-se de um valor muito grande, que é inflado pela enorme quantidade de inativos e pensionistas, fruto de políticas erradas do passado, que não podemos abandonar, sem causar uma tragédia social. Mas, para aumentar esse abismo, os jornais divulgam sistematicamente os ganhos de certas categorias que vão muito além do teto salarial, às vezes o dobro ou mais ainda. O teto salarial na função pública é R$ 44.008,00 a partir de fevereiro/2024 para um piso do magistério de R$ 4.580,00, quase dez vezes menor. Certas categorias nem isso respeitam; vão muito além, como vimos. Isso contribuiu para a manutenção das desigualdades e provoca grande descontentamento das classes menos favorecidas, que é muito mais da metade do funcionalismo público e também da sociedade em geral. Ou ponhamos uma trava nisso ou nos encaminhamos para o pior dos mundos.

Há uma situação que precisa ser levada em consideração e que é negligenciada pelos governos. Trata-se da transição demográfica e consequente redução do número de jovens e o aumento da população mais velha. Esse fato, ao reduzir a força de trabalho, exige cada vez mais aumento de produtividade, que é praticamente zero no Brasil. E aumentamos produtividade com introdução de máquinas no processo produtivo e pela melhora do preparo dos jovens para o trabalho, o que só a educação possibilita.

José Ingenieros, entre as várias citações de que foi autor, fez mais esta: ***Quanto mais o indivíduo aprende, tanto mais útil se torna para si e para a sociedade***. Com essa citação final não precisa dizer mais nada.

8.6. RIGIDEZ DA DESPESA: UM INIMIGO DO EQUILÍBRIO ORÇAMENTÁRIO

É sabido que as grandes crises financeiras sucedem a um período de bonança, porque, quando os recursos são abundantes, os governos criam despesas permanentes, contando com receitas que se revelam passageiras. Esse fato aconteceu recentemente em muitos Estados, depois do grande crescimento da receita em 2022, principalmente para alguns Estados, como RS, RJ, MG, DF, entre outros. Às vezes o crescimento da despesa decorreu da própria legislação que obriga a fazer o gasto.

Em momento anterior, no Estado do RS um governador concedeu grandes reajustes para o funcionalismo contando com os recursos finitos dos depósitos judiciais; com isso criou grande crise fiscal para seu sucessor.

Tomando o Resultado do Tesouro Nacional, vamos ver que em 2022 as despesas obrigatórias foram 89% da receita e em 2023, 102%. Na verdade, influíram muito nesses dois anos os precatórios judiciais que foram pagos: em 2023, R$ 148 bilhões e em 2022, R$ 56,5 bilhões, numa diferença de R$ 91,5 bilhões.

A bem da verdade pode-se dizer que tais valores estão em excesso até para o ano de 2022, em que foi pago muito menos. Necessita-se de medidas urgentes, visando a corrigir essa distorção. O resultado disso foi a realização de despesa em 2023 tudo financiado por déficit.

Despesa obrigatória não há como evitá-la, mas **há como contê-la, anulando o efeito de seu aumento com o crescimento da receita e outras concessões evitáveis.**

Independente dos precatórios, em 2023, ocorreu aumento real do salário-mínimo, que influi em 50% da maior despesa do Governo Federal, que são os benefícios previdenciários e sociais. Foi concedido 9% de reajuste aos funcionários, que estavam há anos sem reajuste. Os militares receberam reestruturação das carreiras, o que provocou aumento na folha superior à redução provocada pela reforma da previdência, em valor próximo a R$ 6 bilhões em 2023 (Bernardo Schettini e Tais Vizioli (cap.12, p.372, ob.cit.). Tudo é aumento de despesa obrigatória.

Outro fator que torna a despesa mais rígida é o número de servidores públicos, em que a União em 2021 tinha um total de 1.988.029, sendo 1.171.148 inativos e pensionistas e 816.881 ativos, formando uma razão de 1,43 da soma dos dois primeiros sobre o segundo (capítulo da Previdência).

E a rigidez aumenta, em função da integralidade do valor das aposentadorias e da paridade com os ativos, que os militares tem *ad infinitum* e os civis, para os entrantes até 31/12/2003. Em função disso, tudo o que é concedido aos ativos deve ser repassado aos inativos e pensionistas.

No tocante aos civis, daqui a uma década ou pouco mais, acaba esse favorecimento, mas quanto aos militares só com alteração da legislação.

O maior problema da previdência brasileira é que grande parte dela ainda está sob o regime de repartição simples, em que cada vez diminui mais a razão entre os que contribuem e os que recebem. Na realidade, precisaria ter em torno de três ou quatro servidores ativos para um inativo, e o número destes é maior conforme vimos acima. E esse fato se repete na maioria dos Estados.

Na União, o grande problema está no INSS, em que o crescimento do número de beneficiários ao lado de um menor crescimento da receita impede qualquer aumento real dos benefícios, o que passou a ser adotado recentemente. E a transição demográfica, com a redução do número de servidores em idade ativa sobre os que estão em condições de se aposentar, cada vez mais vai agravar esse fenômeno. Aliás, o efeito da demografia sobre a composição populacional, negligenciado pelos governos, será nosso grande problema do futuro: um país de velhos necessitados, sem poder atendê-los adequadamente.

No tocante aos serviços públicos, embora com benefícios muito maiores, o crescimento em relação ao PIB é estável ou decrescente, e passarão a apresentar quedas maiores quando findarem os períodos de transição da última reforma.

Tudo isso é tratado no capítulo destinado à previdência. A repetição aqui é para mostrar que redução de despesa pública é muito difícil, mas, conforme já citado, uma contenção de despesa é possível e desejável se não quisermos entrar num caminho sem volta de déficit previdenciário e de um endividamento insustentável.

REFERÊNCIAS

ABREU, Mariza. *Desafios do Financiamento da Educação Básico no Brasil.*

BANCO CENTRAL DO BRASIL – NFSP, setembro/2023.

Boletim de Pessoal, atualmente com outra denominação.

BRUNET, Júlio Francisco Gregory, BERTÉ. Ana Maria de Aveline e BORGES. Claiton Brito. *O Gasto Público no Brasil.* Elsevier Editora Ltda. RJ. 2012.

CONSTITUIÇÃO FEDERAL DE 1988, art. 40, § 5.º, alterado pela Emenda n.º 41/2003.

ESTADÃO – Artigo publicado em 06/03/2024, de autoria de Fabio Alves, Colunista Broadcast.

GIAMBIAGI, Fabio. *Brasil: Raízes do Atraso.* Paternalismo *versus* Produtividade. As dez vacas sagrada que acorrentam o país. Rio de Janeiro, Elsevier, 2007.

GUIMARÃES, Gustavo e MENDES, Marcos. Piso salarial do magistério público, constante do livro *Políticas Públicas que Empobrecem o Brasil*, organizado por MENDES, Marcos, cap.20. Editora Autografia Edição e Comunicação Ltda. Rio de Janeiro, RJ. 2022.

LEI ESTADO DO RS, N.º 5255, DE 30 DE JULHO DE 1966. Estabelece novo plano de benefícios e serviços, reorganiza o Instituto de Previdência do Estado do Rio Grande do Sul e dá outras providências.

IPEA-DATA – PIB nacional e INPC

MINISTÉRIO DA EDUCAÇÃO E CULTURA. INEP/DEED. Disponível em:https://www.gov.br/inep/pt-br/assuntos/noticias/institucional/conheca-o-perfil-dos-professores-brasileiros

Plano Nacional de Educação – Lei n.º 13.005, de 25/06/2014.

Presidência da República: Emenda Constitucional n.º 108, de 26 de agosto de 2020.

SANTOS, Darcy Francisco Carvalho dos. *Finanças Estaduais: Verdades e Mitos. Uma abordagem sobre as finanças públicas do Estado do Rio Grande do Sul.* Porto Alegre. AGE, 2007.

SANTOS, Darcy Francisco Carvalho dos. *A Previdência Social no Brasil: 1923-2009. Uma visão econômica.* Editora AGE, Porto Alegre, 2009.

SANTOS, Darcy Francisco Carvalho dos e Calazans, Roberto Balau. *Dívida Pública e Previdência Social.* Porto Alegre, 2021.

SCHETTINI, Bernardo e VIZIOLI, Tais. Cap.12, "Para não esquecer Políticas Públicas que Empobrecem o Brasil". Mendes, Marcos (org.) Rio de Janeiro RJ: Autografia, 2022.

SECRETARIA DA FAZENDA DO ESTADO DO RS – Receitas e Despesas em Tempo Real.

SOUZA. Fábio Araújo. Inativos da educação; despesa da educação? *Revista Brasileira da Política e Administração da Educação*, vol.35, n.º 3. Goiânia, maio/agosto 2019. Pub.21-julho 2020. Disponível em: http://educa.fcc.org.br/scielo.php?script=sci_arttext&pid=S2447-41932019000301029.

STN – Balanço do Setor Público Nacional. Disponível em: https://www.tesourotransparente.gov.br/temas/contabilidade-e-custos/balanco-do-setor-publico-nacional-bspn.

STN – Resultado Primário do Governo Central (Tabela 2.2).

STN – SICONFI, diversos anos. Receitas dos Estados.

Tesouro Nacional – RREOs do mês de dezembro de 2010-2022. Dados acompanhados anualmente pelo autor.

Anexos

ANEXO I | Deflator implícito do PIB

Ano	PIB milhões	PIB real Taxa	Relativo PIB nominal 1	Relativo PIB real 2	Deflator implícito 3 = 1/2	Multiplicador do deflator 4	IPCA Médio	Multiplicador IPCA médio
2009	3.333.039	–	100,00	100,00	1,00000	–	100,00	
2010	3.885.847	7,53%	116,59	107,53	1,08422	2,29603	105,04	2,0448
2011	4.376.382	3,97%	131,30	111,80	1,17446	2,11961	112,01	1,9176
2012	4.814.760	1,92%	144,46	113,95	1,26776	1,96361	118,06	1,8193
2013	5.331.619	3,00%	159,96	117,36	1,36296	1,82646	125,39	1,7130
2014	5.778.953	0,50%	173,38	117,95	1,46997	1,69350	133,32	1,6110
2015	5.995.787	–3,77%	179,89	113,50	1,58487	1,57072	145,36	1,4776
2016	6.269.328	–3,46%	188,10	109,58	1,71657	1,45021	158,06	1,3588
2017	6.585.479	1,32%	197,58	111,02	1,77965	1,39881	163,51	1,3136
2018	7.004.141	1,80%	210,14	113,02	1,85932	1,33887	169,50	1,2671
2019	7.389.131	1,20%	221,69	114,38	1,93826	1,28435	175,83	1,2215
2020	7.609.597	–3,30%	228,31	110,60	2,06421	1,20598	181,48	1,1835
2021	9.012.142	5,00%	270,39	116,13	2,32825	1,06921	196,55	1,0928
2022	9 915 316	2,90%	297,49	119,50	2,48939	1,00000	214,79	1,0000

Cálculos próprios pela fórmula: PIB nominal/PIB real*100.
Fonte: Dados brutos: IPEA-DATA.

ANEXO II | Demonstrativo da despesa por funções, em R$ milhões atualizados pelo deflator implícito do PIB, Seguridade Social

Ano	União				Estados				Municípios				Total			
	Previdência	Assist. Social	Saúde	Segur. Social	Previdência	Assist. Social	Saúde	Segur. Social	Previdência	Assist. Social	Saúde	Segur. Social	Previdência	Assist. Social	Saúde	Segur. Social
2010	748.054	89.782	139.183	977.019	142.430	9.111	127.903	279.443	33.366	20.343	153.827	207.536	923.849	119.235	420.913	1.463.997
2011	761.483	96.578	150.210	1.008.272	153.316	9.356	122.800	285.471	33.384	19.261	147.684	200.329	948.183	125.195	420.694	1.494.072
2012	784.036	111.192	154.315	1.049.542	166.444	8.832	126.781	302.057	38.648	19.778	152.638	211.063	989.128	139.801	433.733	1.562.662
2013	813.282	118.042	153.077	1.084.401	152.107	9.899	125.070	287.077	44.496	22.184	183.480	250.160	1.009.885	150.125	461.627	1.621.638
2014	837.280	119.244	156.676	1.113.200	164.822	8.073	129.277	302.171	43.479	20.491	164.913	228.883	1.045.580	147.809	450.865	1.644.254
2015	848.666	115.000	157.640	1.121.306	184.958	9.197	140.776	334.931	48.304	22.556	185.373	256.233	1.081.928	146.752	483.789	1.712.470
2016	862.241	115.644	154.429	1.132.314	201.418	7.450	131.972	340.840	49.983	19.961	169.063	239.006	1.113.642	143.055	455.463	1.712.160
2017	915.942	118.479	161.924	1.196.345	199.571	7.773	130.490	337.834	57.168	21.331	184.355	262.854	1.172.681	147.583	476.769	1.797.033
2018	914.871	118.705	159.393	1.192.968	214.122	7.443	135.360	356.925	63.526	22.974	194.778	281.278	1.192.519	149.121	489.532	1.831.171
2019	932.602	123.241	159.396	1.215.239	220.724	6.916	134.561	362.201	66.371	21.610	186.934	274.916	1.219.697	151.767	480.891	1.852.356
2020	924.066	510.820	196.442	1.631.327	224.455	8.035	147.695	380.185	68.307	25.292	221.295	314.894	1.216.827	544.147	565.432	2.326.406
2021	861.587	180.303	193.166	1.235.056	199.318	10.348	150.289	359.955	65.525	24.331	218.196	308.052	1.126.430	214.982	561.651	1.903.063
2022	897.148	198.326	153.231	1.248.705	213.736	11.582	153.491	378.809	69.470	27.790	231.996	329.256	1.180.354	237.698	538.718	1.956.770

Deflator: Cálculo próprio pela fórmula: DIP = PIB nom/PIB real x 100.
Fonte: Balanço do Setor Público Brasileiro.

Em relativos: 2010 = 100,0

Ano	União				Estados				Municípios				Total			
	Previdência	Assist. Social	Saúde	Segur. Social	Previdência	Assist. Social	Saúde	Segur. Social	Previdência	Assist. Social	Saúde	Segur. Social	Previdência	Assist. Social	Saúde	Segur. Social
2010	100,0	100,0	100,0	100,0	100,0	100,0	100,0	100,0	100,0	100,0	100,0	100,0	100,0	100,0	100,0	100,0
2011	101,8	107,6	107,9	103,2	107,6	102,7	96,0	102,2	100,1	94,7	96,0	96,5	102,6	105,0	99,9	102,1
2012	104,8	123,8	110,9	107,4	116,9	96,9	99,1	108,1	115,8	97,2	99,2	101,7	107,1	117,2	103,0	106,7
2013	108,7	131,5	110,0	111,0	106,8	108,7	97,8	102,7	133,4	109,1	119,3	120,5	109,3	125,9	109,7	110,8
2014	111,9	132,8	112,6	113,9	115,7	88,6	101,1	108,1	130,3	100,7	107,2	110,3	113,2	124,0	107,1	112,3
2015	113,4	128,1	113,3	114,8	129,9	100,9	110,1	119,9	144,8	110,9	120,5	123,5	117,1	123,1	114,9	117,0
2016	115,3	128,8	111,0	115,9	141,4	81,8	103,2	122,0	149,8	98,1	109,9	115,2	120,5	120,0	108,2	117,0
2017	122,4	132,0	116,3	122,4	140,1	85,3	102,0	120,9	171,3	104,9	119,8	126,7	126,9	123,8	113,3	122,7
2018	122,3	132,2	114,5	122,1	150,3	81,7	105,8	127,7	190,4	112,9	126,6	135,5	129,1	125,1	116,3	125,1
2019	124,7	137,3	114,5	124,4	155,0	75,9	105,2	129,6	198,9	106,2	121,5	132,5	132,0	127,3	114,2	126,5
2020	123,5	569,0	141,1	167,0	157,6	88,2	115,5	136,1	204,7	124,3	143,9	151,7	131,7	456,4	134,3	158,9
2021	115,2	200,8	138,8	126,4	139,9	113,6	117,5	128,8	196,4	119,6	141,8	148,4	121,9	180,3	133,4	130,0
2022	119,9	220,9	110,1	127,8	150,1	127,1	120,0	135,6	208,2	136,6	150,8	158,7	127,8	199,4	128,0	133,7
Tx.aa.	1,5%	6,8%	0,8%	2,1%	3,4%	2,0%	1,5%	2,6%	6,3%	2,6%	3,5%	3,9%	2,1%	5,9%	2,1%	2,4%
Var.	19,9	120,9	10,1	27,8	50,1	27,1	20,0	35,6	108,2	36,6	50,8	58,7	27,8	99,4	28,0	33,7

ANEXO III | Demonstrativo da despesa por funções, em R$ milhões atualizados pelo deflator implícito do PIB, quatro funções destacadas

Ano	União				Estados				Municípios				Total				Despesa total ajustada
	Legislativa	Judiciária	Essencial à justiça	Administração	Legislativa	Judiciária	Essencial à justiça	Administração	Legislativa	Judiciária	Essencial à justiça	Administração	Legislativa	Judiciária	Essencial à justiça	Administração	
2010	11.430	45.381	10.817	40.686	22.524	49.130	22.905	57.167	16.554	1.619	813	82.152	50.508	96.130	34.535	180.004	2.990.745
2011	11.230	42.098	10.621	35.900	21.368	51.530	21.364	55.036	15.117	1.475	818	77.455	47.715	95.103	32.803	168.390	2.974.376
2012	10.417	42.418	7.057	38.658	20.284	48.676	21.272	53.978	15.006	1.396	874	75.986	45.707	92.490	29.203	168.621	3.047.206
2013	10.615	41.482	7.594	35.501	21.103	48.684	20.964	59.398	19.598	1.598	935	88.168	51.316	91.765	29.494	183.067	3.237.519
2014	9.959	42.779	7.922	32.095	20.425	50.717	21.551	56.312	16.136	1.445	809	86.208	46.520	94.941	30.283	174.615	3.194.165
2015	9.830	43.033	8.600	30.538	22.303	56.114	24.921	51.930	19.092	1.767	809	87.296	51.224	100.914	34.330	169.763	3.269.266
2016	9.154	41.064	8.153	31.616	22.135	54.538	25.296	49.056	17.246	1.853	973	73.347	48.534	97.456	34.422	154.020	3.189.965
2017	8.908	42.732	8.681	34.436	20.582	54.986	25.577	41.949	19.485	2.149	947	79.580	48.975	99.867	35.205	155.965	3.282.545
2018	8.731	42.649	8.395	38.068	21.785	56.151	26.984	45.212	19.519	2.213	939	85.221	50.035	101.013	36.317	168.501	3.354.391
2019	8.664	42.599	8.522	31.925	21.500	57.180	27.435	41.483	19.019	2.127	935	81.035	49.183	101.906	36.892	154.443	3.330.755
2020	7.927	39.485	8.349	28.983	21.232	52.928	26.814	40.496	19.316	2.282	966	86.887	48.476	94.695	36.129	156.366	3.765.411
2021	7.153	35.821	7.430	26.360	20.866	50.142	25.572	41.930	17.951	2.610	929	83.661	45.970	88.572	33.931	151.952	3.315.442
2022	7.007	36.410	7.362	26.187	21.900	54.798	27.515	49.471	19.727	2.322	1.176	97.903	48.634	93.530	36.053	173.561	3.604.105
Variação	-38,7%	-19,8%	-31,9%	-35,6%	-2,8%	11,5%	20,1%	-13,5%	19,2%	43,4%	44,7%	19,2%	-3,7%	-2,7%	4,4%	-3,6%	20,5%

Deflator: Cálculo próprio pela fórmula: DIP = PIB nom/PIB real x 100.
Fonte: Balanço do Setor Público Nacional.

Em relativos

Ano	União				Estados				Municípios				Total				Despesa total ajustada
	Legis-lativa	Judi-ciária	Essen-cial à justiça	Admi-nistra-ção	Legis-lativa	Judi-ciária	Essen-cial à justiça	Admi-nistra-ção	Legis-lativa	Judi-ciária	Essen-cial à justiça	Admi-nistra-ção	Legis-lativa	Judi-ciária	Essen-cial à justiça	Admi-nistra-ção	
2010	100,0	100,0	100,0	100,0	100,0	100,0	100,0	100,0	100,0	100,0	100,0	100,0	100,0	100,0	100,0	100,0	100,0
2011	98,3	92,8	98,2	88,2	94,9	104,9	93,3	96,3	91,3	91,1	100,7	94,3	94,5	98,9	95,0	93,5	99,5
2012	91,1	93,5	65,2	95,0	90,1	99,1	92,9	94,4	90,6	86,2	107,5	92,5	90,5	96,2	84,6	93,7	101,9
2013	92,9	91,4	70,2	87,3	93,7	99,1	91,5	103,9	118,4	98,7	115,1	107,3	101,6	95,5	85,4	101,7	108,3
2014	87,1	94,3	73,2	78,9	90,7	103,2	94,1	98,5	97,5	89,2	99,6	104,9	92,1	98,8	87,7	97,0	106,8
2015	86,0	94,8	79,5	75,1	99,0	114,2	108,8	90,8	115,3	109,2	99,5	106,3	101,4	105,0	99,4	94,3	109,3
2016	80,1	90,5	75,4	77,7	98,3	111,0	110,4	85,8	104,2	114,5	119,7	89,3	96,1	101,4	99,7	85,6	106,7
2017	77,9	94,2	80,3	84,6	91,4	111,9	111,7	73,4	117,7	132,7	116,5	96,9	97,0	103,9	101,9	86,6	109,8
2018	76,4	94,0	77,6	93,6	96,7	114,3	117,8	79,1	117,9	136,7	115,5	103,7	99,1	105,1	105,2	93,6	112,2
2019	75,8	93,9	78,8	78,5	95,5	116,4	119,8	72,6	114,9	131,4	115,0	98,6	97,4	106,0	106,8	85,8	111,4
2020	69,4	87,0	77,2	71,2	94,3	107,7	117,1	70,8	116,7	141,0	118,8	105,8	96,0	98,5	104,6	86,9	125,9
2021	62,6	78,9	68,7	64,8	92,6	102,1	111,6	73,3	108,4	161,2	114,3	101,8	91,0	92,1	98,3	84,4	110,9
2022	61,3	80,2	68,1	64,4	97,2	111,5	120,1	86,5	119,2	143,4	144,7	119,2	96,3	97,3	104,4	96,4	120,5
Tx.aa.	-4,0%	-1,8%	-3,2%	-3,6%	-0,2%	0,9%	1,5%	-1,2%	1,5%	3,1%	3,1%	1,5%	-0,3%	-0,2%	0,4%	-0,3%	1,6%

Fonte: Balanço do Setor Público Nacional.

ANEXO IV | Demonstrativo da despesa por funções, em R$ milhões atualizados pelo deflator implícito do PIB, funções fim

Ano	União				Estados				Municípios				Total			
	Educação	Transporte	Segurança pública	Defesa nacional	Educação	Transporte	Segurança pública	Defesa nacional	Educação	Transporte	Segurança pública	Defesa nacional	Educação	Transporte	Segurança pública	Defesa nacional
2010	101.168	47.018	20.680	73.103	172.841	67.248	87.026	–	168.604	114.267	107.707	46	442.613	228.533	215.414	73.149
2011	112.147	40.307	14.731	67.622	184.088	53.016	93.825	–	163.787	93.322	108.556	53	460.021	186.644	217.112	67.675
2012	128.350	43.632	15.471	71.821	165.539	45.422	81.396	–	163.889	89.054	96.867	24	457.777	178.108	193.734	71.845
2013	138.133	37.788	15.107	68.134	159.053	58.118	79.124	–	200.660	95.905	94.230	27	497.846	191.811	188.461	68.161
2014	144.667	35.364	13.645	67.278	155.948	57.704	92.313	–	177.021	93.068	105.957	25	477.636	186.136	211.914	67.303
2015	142.573	26.006	12.748	64.301	167.849	45.617	106.226	–	202.412	71.623	118.974	39	512.833	143.246	237.948	64.340
2016	137.112	20.251	12.785	89.327	156.366	40.413	104.083	–	178.999	60.664	116.868	25	472.477	121.327	233.736	89.352
2017	136.752	21.007	13.641	95.331	153.384	41.009	102.818	–	199.689	62.016	116.460	29	489.825	124.033	232.919	95.360
2018	131.265	19.914	15.212	102.227	154.308	34.382	106.356	–	208.403	54.297	121.569	25	493.975	108.593	243.137	102.253
2019	130.104	15.358	13.144	107.026	152.602	29.002	106.219	–	198.629	44.360	119.363	42	481.336	88.720	238.727	107.068
2020	114.578	13.888	15.053	98.785	136.943	30.447	101.588	–	193.506	44.335	116.641	48	445.026	88.671	233.282	98.834
2021	108.938	10.765	12.687	89.956	156.681	43.478	98.565	–	209.980	54.243	111.252	42	475.599	108.486	222.505	89.998
2022	117.753	12.847	13.057	89.729	181.721	61.843	109.895	–	256.793	74.690	122.952	39	556.267	149.380	245.904	89.768
	16,4%	-72,7%	-36,9%	22,7%	5,1%	-8,0%	26,3%	–	52,3%	-34,6%	14,2%	-15,1%	25,7%	-34,6%	14,2%	22,7%

Fonte: Balanço do Setor Público Brasileiro.

Em relativos

Ano	União				Estados				Municípios				Total			
	Educação	Transporte	Segurança pública	Defesa nacional	Educação	Transporte	Segurança pública	Defesa nacional	Educação	Transporte	Segurança pública	Defesa nacional	Educação	Transporte	Segurança pública	Defesa nacional
2010	100,0	100,0	100,0	100,0	100,0	100,0	100,0	–	100,0	100,0	100,0	100,0	100,0	100,0	100,0	100,0
2011	110,9	85,7	71,2	92,5	106,5	78,8	107,8	–	97,1	81,7	100,8	115,4	103,9	81,7	100,8	92,5
2012	126,9	92,8	74,8	98,2	95,8	67,5	93,5	–	97,2	77,9	89,9	51,3	103,4	77,9	89,9	98,2
2013	136,5	80,4	73,0	93,2	92,0	86,4	90,9	–	119,0	83,9	87,5	59,7	112,5	83,9	87,5	93,2
2014	143,0	75,2	66,0	92,0	90,2	85,8	106,1	–	105,0	81,4	98,4	55,3	107,9	81,4	98,4	92,0
2015	140,9	55,3	61,6	88,0	97,1	67,8	122,1	–	120,1	62,7	110,5	85,5	115,9	62,7	110,5	88,0
2016	135,5	43,1	61,8	122,2	90,5	60,1	119,6	–	106,2	53,1	108,5	53,7	106,7	53,1	108,5	122,1
2017	135,2	44,7	66,0	130,4	88,7	61,0	118,1	–	118,4	54,3	108,1	64,0	110,7	54,3	108,1	130,4
2018	129,7	42,4	73,6	139,8	89,3	51,1	122,2	–	123,6	47,5	112,9	55,4	111,6	47,5	112,9	139,8
2019	128,6	32,7	63,6	146,4	88,3	43,1	122,1	–	117,8	38,8	110,8	92,3	108,7	38,8	110,8	146,4
2020	113,3	29,5	72,8	135,1	79,2	45,3	116,7	–	114,8	38,8	108,3	105,0	100,5	38,8	108,3	135,1
2021	107,7	22,9	61,3	123,1	90,7	64,7	113,3	–	124,5	47,5	103,3	90,8	107,5	47,5	103,3	123,0
2022	116,4	27,3	63,1	122,7	105,1	92,0	126,3	–	152,3	65,4	114,2	84,9	125,7	65,4	114,2	122,7
Tx.aa.	1,3%	-10,2%	-3,8%	1,7%	0,4%	-0,7%	2,0%	–	3,6%	-3,5%	1,1%	-1,4%	1,9%	-3,5%	1,1%	1,7%

Fonte: Balanço do Setor Público Brasileiro.

ANEXO V | Resultado previdenciário e encargo do Estado do RS, 2004-2022, em R$ milhões constantes pelo IPCA

Ano	Receitas (-c.patronal) 1	Contrib. patronal 2	Despesas 3	Resultado (4=1+2−3)	Encargo do Estado 5=4+2	Encargo/ RCL* 6	RCL do Estado
2004	1.382	2.764	10.331	(6.185)	(8.949)	28,3%	31.630
2005	1.288	2.575	10.903	(7.040)	(9.615)	28,5%	33.745
2006	1.368	2.736	11.227	(7.122)	(9.858)	28,1%	35.105
2007	1.470	2.940	12.207	(7.798)	(10.737)	29,9%	35.930
2008	1.408	2.816	12.460	(8.236)	(11.052)	27,5%	40.226
2009	1.435	2.869	13.013	(8.709)	(11.579)	29,0%	39.959
2010	1.522	2.582	13.957	(9.853)	(12.435)	27,6%	45.044
2011	1.821	2.810	14.649	(10.018)	(12.828)	28,8%	44.488
2012	1.660	2.701	15.586	(11.225)	(13.926)	30,6%	45.479
2013	2.211	3.347	16.700	(11.143)	(14.490)	30,1%	48.069
2014	2.279	3.787	17.753	(11.687)	(15.474)	31,2%	49.604
2015	2.038	3.526	18.084	(12.520)	(16.046)	33,7%	47.641
2016	3.161	3.313	18.664	(12.190)	(15.503)	30,5%	50.792
2017	2.941	2.795	19.610	(13.874)	(16.670)	33,4%	49.883
2018	2.320	3.485	20.562	(14.757)	(18.242)	36,1%	50.577
2019	2.256	3.688	20.660	(14.717)	(18.405)	34,8%	52.926
2020	2.880	5.512	20.155	(11.763)	(17.276)	31,7%	54.472
2021	2.996	5.871	18.716	(9.849)	(15.720)	26,7%	58.918
2022	3.131	5.687	18.114	(9.296)	(14.983)	27,7%	54.098
Taxas anuais							
2004–2018	3,8%	1,7%	5,0%	6,4%	5,2%	1,7%	3,4%
2019–2022	7,8%	13,0%	−3,1%	−10,9%	−4,8%	−6,4%	1,7%

(*) Receitas correntes menos transferências ao Fundeb e aos Municípios.
Fonte: Pareceres Prévios do TCE-RS, até 2011. Após: RREO's.

ANEXO VI | Despesas do Orçamento Fiscal e da Seguridade Social, 2024, em R$ milhões

Especificação	Valor (A)	A/B	A/C	A/D	A/E
Câmara dos Deputados	8.035,0	0,35	0,28	0,28	0,15
Senado Federal	5.916,0	0,26	0,21	0,20	0,11
TCU	2.850,0	0,12	0,10	0,10	0,05
STF	898,0	0,04	0,03	0,03	0,02
Superior Tribunal de Justiça	2.105,0	0,09	0,07	0,07	0,04
Justiça Federal	16.157,0	0,71	0,57	0,55	0,30
Justiça Militar da União	759,0	0,03	0,03	0,03	0,01
Justiça Eleitoral	11.807,0	0,52	0,42	0,41	0,22
Justiça do Trabalho	26.975,0	1,18	0,95	0,93	0,50
Justiça do DF e dos Territórios	3.845,0	0,17	0,14	0,13	0,07
Conselho Nacional de Justiça	298,0	0,01	0,01	0,01	0,01
Presidência da República	3.360,0	0,15	0,12	0,12	0,06
Ministério da Agricultura, Pec. e Abast.	10.502,0	0,46	0,37	0,36	0,19
Ministério da Ciência e Tecnol. e Com.	12.421,0	0,54	0,44	0,43	0,23
Ministério da Fazenda	33.578,0	1,47	1,19	1,15	0,62
Ministério da Educação	180.581,0	7,91	6,38	6,20	3,35
Ministério da Ind. Com. e Serviços	2.890,0	0,13	0,10	0,10	0,05
Defensoria Pública da União	762,0	0,03	0,03	0,03	0,01
Ministério da Justiça e da Seg.pública	20.417,0	0,89	0,72	0,70	0,38
Ministério de Minas e Energia	8.861,0	0,39	0,31	0,30	0,16
Ministério da Previdência Social	935.203,0	40,98	33,06	32,09	17,34
Ministério Público da União	9.370,0	0,41	0,33	0,32	0,17
Ministério das Relações Exteriores	4.772,0	0,21	0,17	0,16	0,09
Ministério da Saúde	231.331,0	10,14	8,18	7,94	4,29
Ministério Transp. e Control. da União	1.392,0	0,06	0,05	0,05	0,03
Ministério dos Transp., Portos e Av. Civil	57.406,0	2,52	2,03	1,97	1,06
Ministério do Trabalho	111.455,0	4,88	3,94	3,82	2,07
Ministério das Comunicações	1.983,0	0,09	0,07	0,07	0,04
Ministério da Cultura	3.310,0	0,15	0,12	0,11	0,06
Ministério do Meio Ambiente	3.646,0	0,16	0,13	0,13	0,07
Ministério da Gestão e Inovação e SP	6.614,0	0,29	0,23	0,23	0,12
Ministério do Planej. e Orçamento	3.390,0	0,15	0,12	0,12	0,06

(Continua)

(Continuação)

Especificação	Valor (A)	A/B	A/C	A/D	A/E
Min. Desenv. Agrário a Agric. Familiar	5.680,0	0,25	0,20	0,19	0,11
Ministério do Esporte	608,0	0,03	0,02	0,02	0,01
Ministério da Defesa	126.147,0	5,53	4,46	4,33	2,34
Ministério da Integração Nacional	5.448,0	0,24	0,19	0,19	0,10
Ministério do Turismo	271,0	0,01	0,01	0,01	0,01
Min. Desenv. Social e Combate à Fome	281.765,0	12,35	9,96	9,67	5,23
Ministério das Cidades	20.986,0	0,92	0,74	0,72	0,39
Min. da Pesca e Agricultura	301,0	0,01	0,01	0,01	0,01
Conselho Nacional do Min. Público	116,0	0,01	0,00	0,00	0,00
Gabinete da Vice-Presidência	15,0	0,00	0,00	0,00	0,00
Advocacia-Geral da União	4.457,0	0,20	0,16	0,15	0,08
Ministério das Mulheres	208,0	0,01	0,01	0,01	0,00
Min. da Igualdade Racial	163,0	0,01	0,01	0,01	0,00
Min. de Portos e Aeroportos	5.416,0	0,24	0,19	0,19	0,10
Encargos Financeiros da União	72.738,0	3,19	2,57	2,50	1,35
Ministério dos Direitos Humanos	412,0	0,02	0,01	0,01	0,01
Banco Central do Brasil	4.151,0	0,18	0,15	0,14	0,08
Min. dos Povos Indígenas	856,0	0,04	0,03	0,03	0,02
Reserva de Contingência	29.631,0	1,30	1,05	1,02	0,55
Subtotal (B)	**2.282.258**	**100,0**	**80,7**	**78,3**	**42,33**
Transferências a Estados e Municípios	546.231		19,3	18,7	10,13
Subtotal (C)	2.828.489		100,0	97,0	52,46
Operações Oficiais de Crédito	85.992			3,0	1,59
Subtotal (D)	**2.914.481**			**100,0**	**54,05**
Dívida Pública Federal	2.477.406				45,95
Total (E)	**5.391.887**				**100,0**

Fonte: Proposta Orçamentária para 2024, Volume I, Anexo II.